Gottfried Zöpfl

Mittelländische Verkehrsprojekte

Reden und Aufsätze

Gottfried Zöpfl

Mittelländische Verkehrsprojekte
Reden und Aufsätze

ISBN/EAN: 9783744633048

Hergestellt in Europa, USA, Kanada, Australien, Japan

Cover: Foto ©Suzi / pixelio.de

Weitere Bücher finden Sie auf **www.hansebooks.com**

Mittelländische Verkehrsprojekte.

Reden und Aufsätze

von

Dr. Gottfried Zöpfl.

Berlin, 1895.
Siemenroth & Troschel.
W. Lützowstraße 108.

Dem Andenken

Friedrich Lists.

I.
Zukunftsfreundlich.
(Zur Einleitung.)

Am 1. Oktober ds. Jahres¹) soll in Bayern das fünfzigjährige Jubiläum des Staatseisenbahnbetriebes gefeiert werden, da am 1. Oktober 1844 die erste bayerische Staatseisenbahnlinie Nürnberg-Bamberg dem Betrieb übergeben wurde. Es wird eine Denkschrift veröffentlicht, in der vermuthlich die großen Erfolge des Eisenbahnwesens im Allgemeinen und des bayerischen Staatsbahnbetriebes im Besonderen hervorgehoben werden, man wird einige Vorkämpfer des Eisenbahnwesens in Reden feiern und man wird vielleicht auch mit Humor an einzelne hervorragende Persönlichkeiten erinnern, die sich der Einführung der Eisenbahnen in Bayern widersetzten. Es braucht sich deshalb Niemand im Grabe herumzudrehen, denn das Verkehrswesen ist ein Gebiet, auf dem schon recht vielen Leuten der Blick in die Zukunft gefehlt hat.

Wir ersehen dies recht deutlich aus einem kleinen Situationsbilde, das wir über die Zeit des ersten großen Eisenbahnprojektes in Bayern zu zeichnen versuchen, wobei wir bemerken, daß dieses große bayerische Eisenbahnprojekt wohl zugleich das erste derartige Projekt größeren Stils in Deutschland überhaupt gewesen sein wird. Thatsächlich wurde ja auch ein ganz kleines Theilstück, die Strecke Nürnberg-Fürth als erste deutsche Lokomotiv-Eisenbahn späterhin ausgebaut²). Doch dies geschah bekanntlich erst im Jahre 1835 und die Geschichte dieser Thatsache ist schon sozusagen ausgeschrieben. Allein die Bewegung für die Einführung der Eisenbahnen in Bayern macht sich schon viel früher bemerkbar, da man auch wohl den steten Hinweis auf die Fortschritte der Dampftechnik in England und die Forderung der Nachahmung als Agitation bezeichnen kann.

Der Mann, der drei Jahrzehnte hindurch an der Spitze der ganzen Bewegung in Bayern stand, war Dr. Joseph Baader, späterhin Ritter v. Baader und k. b. Oberbergrath. Wegen der engen Beziehungen zwischen der Erfindung der Watt'schen Dampfmaschine und der Eisenbahnlokomotive dürfte schon der im Jahre 1798 von Baader in der k. b. Akademie der Wissenschaften in München gehaltene Vortrag „über die wichtigsten Fortschritte, welche im Maschinenwesen seit dem Anfang dieses Jahrhunderts, besonders in England, gemacht worden sind", als eine die Eisenbahnbewegung in Bayern einleitende Kundgebung zu betrachten sein. Baader erzählt darin, daß Friedrich II. von Preußen seinen Oberbergrath Bückling nach England zum Studium der Watt'schen Maschine geschickt habe und er weist darauf hin, daß die erste deutsche Dampfmaschine im Jahre 1789 nach Watt'schen Grundsätzen auf einer Kupferschiefergrube „preußische Hoheit" genannt — zwei Meilen von Rothenburg an der Saale in der Grafschaft Mansfeld von eben diesem kgl. preuß. Oberbergrath Bückling konstruirt worden sei. „Man muß in England gewesen sein", ruft Baader aus, „und alle diese Meisterwerke gesehen und studirt haben, um sich von der bemüthigenden Wahrheit zu überzeugen, daß wir in diesen Fächern noch wenigstens um ein Jahrhundert hinter jenen Insulanern zurückgeblieben sind."

Gewiß hat sich damals das eine oder andere Mitglied der Akademie noch näher für die Sache interessirt, sich vielleicht nach der Sitzung von Baader einige Details erklären oder vorzeichnen lassen, aber in weitere Kreise Bayerns ist die Idee der Dampfmaschine damals schwerlich gedrungen. Noch viele Jahre später wurde in der Bevölkerung das einfache der Dampfmaschine zu Grunde liegende Naturgesetz, daß Wasser durch Wärme in Dampfform verwandelt einen größeren Raum einnimmt als in flüssiger Gestalt und deshalb zur drückenden, treibenden oder stoßenden Kraft werden kann, absolut nicht verstanden und als die ersten Dampfmaschinen aufgekommen waren, ließen sich viele nicht von dem Glauben abbringen, daß Pulver, Spiritus, Federkraft oder — der Teufel darin arbeite. Doch seien wir deshalb in unserem Urtheil nicht zu hart und fragen wir uns zur Besänftigung, wie viele Mitlebenden von den „Gebildeten" heutzutage den Vorgang des Telegraphirens einigermaßen zusammenhängend darstellen könnten.

Dazu kam während der ersten 15 Jahre dieses Jahrhunderts von Westen her eine politische Barometer-Depression von seltener Tiefe, ein Sturm, der keine stetige Kulturentwicklung aufkommen ließ, und überdies war durch die Kontinentalsperre der Verkehr mit England gestört. Das isolirte England gewann dabei einen gewaltigen Vorsprung und in seiner Industrie eine nachhaltige Hilfsquelle für politische Größe. Nicht so ganz mit Unrecht schrieb nach Beendigung der Napoleonischen Kriegszeit, als die englische Uebermacht in den Gewerben des Friedens sich mächtiger als je geltend machte, ein englischer Schriftsteller[3]: „Es ist unsere verbesserte Dampfmaschine, welche die Schlachten von Europa geliefert und während des letzten fürchterlichen Kampfes die politische Größe unseres Landes erhoben und erhalten hat. Es ist dieselbe mächtige Kraft, die uns gegenwärtig in den Stand setzt, die Zinsen unserer Schuld zu bezahlen und den schwierigen Kampf zu bestehen, in der wir noch gegen die Geschicklichkeit und das Kapital aller anderen Länder verwickelt sind."

Damals nun, in dem ruhigen sogenannten Restaurationszeitalter, wurde das erste Eisenbahnprojekt in Bayern ausgedacht, geprüft, bekämpft und — verworfen, das Schicksal der meisten ersten Anläufe nach einer neuen Richtung. An der Spitze der Bewegung finden wir wieder Joseph v. Baader. Er gab dem Projekte einen bestimmten Inhalt, indem er die Verbindung des Maines mit der Donau, die Vereinigung der altbayerischen Provinzen mit den neu erworbenen fränkischen und damit die Heranziehung des bedeutenden Rhein-Donauverkehrs als die erste Aufgabe des bayerischen Verkehrswesen hinstellte. Seine Thätigkeit für diesen Gedanken war sowohl negativ kritisch, wie positiv.

Mit scharfer Kritik zog er in der Presse und einmal auch in einer ausführlichen Abhandlung (1822) gegen das Main-Donaukanalprojekt zu Felde, das damals auf der Tagesordnung war, und suchte nachzuweisen, daß dieses Projekt nach Erfindung der Eisenbahnen, die sicherlich in absehbarer Zeit direkt sowohl vom Main zur Donau, wie nach anderen Richtungen in Bayern gebaut werden würden, durch die Zeit überholt sei. Nicht mit Unrecht für die damaligen Zeitverhältnisse verlangte er, daß im Hinblick auf die zu erwartende Eisenbahnkonkurrenz der Kanal wenigstens direkt nach dem auch wasserreicheren Mittelmain oder nach Wertheim statt nach Bamberg tracirt werde, damit der große Umweg, den die Wasserstraße gegenüber der künftigen Eisenbahn mache, wesentlich verkürzt werde.

Indem Baader in den damaligen Münchener Zeitungen und Zeitschriften als regelmäßiger Mitarbeiter eifrigst auf die Fortschritte des Eisenbahnwesens in England hinweist, polemisirt er stets zugleich gegen die „Kanalomanen", und sucht nachzuweisen⁴), daß ein Pferd (Baader hatte zunächst Pferde-Eisenbahnen im Auge) auf der Eisenbahn zwar nur 80—100 Centner transportire, während es auf dem Wasser 400—500 Centner ziehe, daß aber die Eisenbahn auch nicht den vierten Theil eines Kanals koste; seine Main-Donau-Eisenbahn Donauwörth-Marktbreit z. B. werde nur zwei Mill. fl. kosten (!). Diese kritische Thätigkeit Baader's, die bei vielem Scharfblick in die Zukunft doch auch, wie die letzten Sätze zeigen, ihre deutlichen Schwächen hatte, blieb erfolglos, seine Gegner, z. B. Reichenbach, späterhin auch Pechmann, machten geltend, die Nützlichkeit des Kanalbaues sei seit Jahrhunderten in allen Ländern erprobt, im Eisenbahnwesen sei noch Alles neu und unerprobt, man müsse sich vor allem an das Bewährte halten. Sie sprachen zwar bezüglich der Eisenbahn kein „nie und nimmermehr", aber sie bedachten auch nicht, daß gerade die mehrhundertjährige Erprobung eines Kulturfortschrittes gerade keine Gewähr dafür ist, daß die Sache ohne Aenderungen immer noch als etwas Fortschrittliches zu betrachten sei.

Baader polemisirte aber nicht blos, sondern war auch positiv und praktisch thätig. Er suchte die englische Eisenbahn zu verbessern und den gebirgigen Terrainverhältnissen anzupassen, er behauptete, eine wesentliche Ersparniß an Bewegungskraft und größere Billigkeit erzielt zu haben, schrieb ein Buch „System der fortschaffenden Mechanik" und ließ die ersten praktischen Versuche mit dem Eisenbahnwesen veranstalten. Schon im Jahre 1819 ließ er in München seine Eisenbahn in einem ziemlich großen Modelle öffentlich ausstellen, auch brachte er eine Versammlung von Mitgliedern des Ständehauses, der Akademie, der Direktion des Wasser- und Straßenbaues, der Mauthdirektion u. s. w. zusammen, der er den Gegenstand seiner „Schwärmerei" — wie man es nannte — seine Eisenbahn im Modell vorführte. Sein erster Erfolg war eine ehrende Erwähnung in der Ständeversammlung, die auch die Baader'sche Erfindung den Ministern zur Würdigung übergab, und damals schon einen Probeversuch auf der Strecke Nürnberg-Fürth empfahl.

Im April des Jahres 1825 richtete dann Baader an die bayerische Staatsregierung eine Vorstellung, in der er die Vorzüge der Eisenbahn vor den Kanälen darlegt und die Ansicht vertheidigt, daß eine Verbindung des Maines mit der Donau nur durch eine Eisenbahn zweckentsprechend hergestellt werden könne. Er hatte eine der damaligen Sachlage entsprechende Pferdeeisenbahn im Auge, auf deren Schienen nicht blos das schwere Frachtfuhrwerk, sondern auch das schnelle Fuhrwerk, dann alle Dilligencen, Briefposten und „gelegentlich auch Reisende" schneller, bequemer, sicherer und wohlfeiler als bisher befördert werden sollten; zu traciren sei am Besten von Donauwörth nach Marktbreit a. M. über Oettingen, Feuchtwangen und Rothenburg.

Am Ende der Vorstellung werden genau technische und wirthschaftliche Ermittelungen und schließlich 8000 fl. für zwei praktische Versuche von der Staatsregierung erbeten*). Von diesen beiden Probebahnstrecken solle die eine nach englischem Vorbild, die andere nach dem von Baader selbst erfundenen System erbaut werden. König Max Joseph bewilligte noch im Juli 1825 die verlangte Summe und so wurden denn im Herbste 1825 die ersten auf Staatskosten erbauten bayerischen Eisenbahnen — wenn man diese kleinen Versuchsstrecken so nennen darf — hergestellt und zwar im Schloßgarten zu Nymphenburg. Noch im Jahre 1825 wurden hier auch die ersten Probefahrten gemacht, die Hauptprobe wurde auf den Sommer 1826 verlegt und in weiteren Kreisen Bayerns mit Spannung erwartet.

In einem uns vorliegenden vergilbten Blatte, der Beilage zu Nr. 41 der „Allgemeinen Zeitung" vom Jahre 1826 findet sich unter dem Titel: „Ueber die Eisenbahnen" ein ausführliches Protokoll über diese Prüfung der ersten bayerischen „Staatseisenbahnen". Veranstalter der Versammlung waren auf Einladung Baaders das Generalkomité des landwirthschaftlichen Vereins und der Centralausschuß des polytechnischen Vereins, delegirt waren unter Anderen Oberhofmeister Graf von Arco, Staatsrath von Hazzi, Generalmauthdirektor von Miller, Staatsrath von Mann, beigezogen verschiedene Männer der damaligen Verkehrspraxis, der „Augsburger Both", der „Schaffner der Würzburger und Memminger Bothen", der „Hofschmied", ein Wagenfabrikant u. s. w. Am 2. Juni, Mittags 12 Uhr, wurde diese Gesellschaft von den Honoratioren der Stadt in Nymphenburg empfangen. Es werden wohl vor Eintritt in die Tagesordnung einige Maß frischen Hofbräus geleert worden sein, dann aber kam es zu ernsten und eingehenden Prüfungen und Verhandlungen.

Baader zeigte die Leistungen der beiden Eisenbahnen und es wurde eine Reihe von Versuchen gemacht, indem man auf den beiden Bahnen die Wagen mit Steinen, Getreide und Dungsalz belud und von Pferden ziehen ließ. Dazwischen ließ man an dem „steilen Abhang" der Sandgrube die Baader'sche Bremsvorrichtung und „Bergwinde" in Funktion setzen, oder mittelst einer höchst einfachen aus Rad, Seil und einem schweren Steinkasten bestehenden Kompensationsmaschine den Lastwagen an einem Seile ohne Bremsvorrichtung einen „Abhang" hinab- oder heraufziehen, auch wurde die Baader'sche „Klappenbrücke", mittelst welcher ein Wagen von der Landstraße auf die Schienen überführt werden sollte, in Funktion gesetzt. Dann wurden Vergleiche angestellt, Kostenvoranschläge gemacht und schließlich wurde ein Protokoll von den Anwesenden unterzeichnet. Die „Männer der Praxis", der Augsburger und Ingolstädter „Both", sowie der „Schaffner" machten bei ihrer Unterschrift den Zusatz, daß sie sich eine Aeußerung über diejenigen Punkte, „welche ihre Rechte und Befugnisse als Fuhrleute benachtheiligen würden", vorbehielten. Diese erfolgte denn auch in einem Nachtrag zum Protokoll und es wurde dabei die Befürchtung ausgesprochen, daß bei der neuen Erfindung allmählich der ganze Gütertransport in die Hände des Eigenthümers der Bahn, der Eisenbahngesellschaft übergehen werde, wodurch das konzessionirte Landbotenfuhrwerk ruinirt würde. Diese Erklärung führte nun zu einem zweiten Nachtrag zum Protokoll, in dem die übrigen Theilnehmer der Prüfungskommission sehr energisch Folgendes erklärten: „Klagen gegen erleichterte und wohlfeilere Frachten gleichen denen der Schmiede, Wagner und Sattler, die bei Anlegung ordentlicher Chausseen auch dagegen Beschwerde führten und auf die Beibehaltung des vorigen wilden Zustandes antrugen, weil sie beim Mangel eines guten Weges mehr Verdienst hätten; oder diese Klagen gleichen denen der Abschreiber bei Einführung der Buchdruckerkunst. Endlich können diese Fuhrleute wegen Verkürzung ihres Verdienstes ganz unbesorgt sein. Die Eisenbahnen werden den Transport und damit den allgemeinen Verkehr vermehren, sohin eine größere Thätigkeit, also auch mehr Geschäfte für das Fuhrwesen erschaffen. Womit beschlossen und unterschrieben wurde."

Dieses war der Verlauf der ersten „Eisenbahnfahrt" auf bayerischem Boden. Sie ging, wie wir sahen, nicht ohne Mißklang ab. Schon an der Wiege des Unternehmens fanden sich Gevatter Fuhrmann und Hufschmied ein, die ersten noch etwas schüchternen Vertreter jener immer mehr anwachsenden großen „konservativen" Opposition gegen die Einführung der Eisenbahnen, die denn auch bei der weiteren Entwicklung des ersten bayerischen Eisenbahnprojektes schließlich einen vorübergehenden Sieg davontrug. Sie hatte es um so leichter, als auch die Anhänger des Projektes nicht sehr energisch auftraten. Die Delegirten der oben erwähnten Prüfungskommission hielten sich in ihrer Berichterstattung zu sehr an einzelne Details des Baader'schen Systems und zu wenig an das neue System der Eisenbahn überhaupt.

Unbeirrt durch den Mißerfolg setzte Baader seine Propaganda für die Eisenbahnen fort. Schon im August des Jahres 1826 trat er wieder öffentlich hervor mit einem in der Akademie der Wissenschaften gehaltenen Vortrage „über die Vorteile einer verbesserten Bauart von Eisenbahnen und Wagen" und in dem folgenden Jahre setzte er sich direkt mit dem Würzburger Handelsrath in Verbindung, um diesen für eine Main-Donau-Eisenbahngesellschaft zu gewinnen. Er eröffnete 1828 eine Korrespondenz mit dieser Korporation und mit dem damals weitbekannten Würzburger Handelshause Gätschenberger und machte dabei die Konzession, daß die Bahn nicht nach Marktbreit, sondern über Ochsenfurt nach Würzburg geführt werden solle. Der Würzburger Handelsrath versprach, für die Abnahme der Eisenbahn-Aktien durch den Würzburger und den übrigen fränkischen Handelsstand Sorge zu tragen, sobald nur einmal die Konzession durch den König und die Ständeversammlung erwirkt werden könne. Um dieses zu erreichen, richtete der Handelsrath je eine Petition an den König und an die Ständeversammlung und führte in der ersteren — über das Baader'sche Projekt weit hinausgehend — aus, welche Einwirkung auf den gesammten deutschen Verkehr eine Eisenbahn Frankfurt-Aschaffenburg-Lohr-Karlstadt-Nürnberg-Regensburg haben werde. Ganz schüchtern wird am Schlusse der Gedanke angedeutet, daß sich diese Linie auch für eine Staatsbahn eignen würde. Die Petition an die Ständeversammlung hielt sich genauer an die „Bahn nach der Ritter von Baader'schen Methode" und empfiehlt auch die Trace Donauwörth-Ochsenfurt-Würzburg, wozu noch ein Anschluß Gemünden-Fulda kommen solle; der Handelsstand will nichts als die Konzession, obwohl der Staat bei Staatsbetrieb sicher seine Vortheile von dem Werke haben würde.

Auch diese von Baader eingeleitete Agitation des fränkischen Handelsstandes führte den unermüdlichen Mann nicht zum Ziel. Aber er hatte bald darauf die große Genugthuung, einen neuen großen Fortschritt zu Gunsten seines Lieblingsgedankens mittheilen zu können. Im Oktober 1829 führten eine Reihe von Versuchen mit den neuen Dampfwagen auf der Eisenbahn Manchester-Liverpool zu einem glänzenden Ergebniß und brachten die Eisenbahnidee, die — ähnlich wie die moderne Kanalidee — noch sehr unter dem Mangel eines geeigneten Motors litt, zu neuer allgemeinerer Anerkennung. Nun begann auch in Bayern jene intensivere Bewegung für die Eisenbahnen, die schließlich im Jahre 1835 zur Vollendung der ersten deutschen Lokomotiveisenbahn, der Privatbahn Nürnberg-Fürth führte. Daß aber trotzdem das erste große bayerische Eisenbahnprojekt, das Main und Donau verbinden sollte, damals nicht zur Ausführung kam, sondern nur jenes ganz geringfügige Theilstück Nürnberg-Fürth, hat darin seinen Grund, daß gleichzeitig mit der intensiveren Bewegung für die Eisenbahn eine noch heftigere Gegenbewegung in Bayern sich geltend machte.

Wir können uns nicht versagen, diese Gegner des Eisenbahnwesens in Bayern „zu Nutz und Frommen" der Gegenwart ein bischen näher vorzuführen, wobei wir uns hauptsächlich an eine aus jener Zeit stammende in der Münchener Staatsbibliothek aufbewahrte Schrift halten, die das ganze Thema der Eisenbahngegnerschaft in Bayern mit einem einer besseren Sache würdigen Fleiß und Eifer geradezu erschöpft*).

Die Gegner der Eisenbahn zerfielen in zwei Klassen, in ganz dunkle und hellbunkle. Die ersteren waren aus allgemeinen Gründen Gegner des neuen Verkehrsfortschrittes, sie prophezeiten den Untergang des Staates und der Gesellschaft, die Vernichtung der Ruhe und Ordnung, eine allgemeine anhaltende Volksbewegung, eine nicht mehr zu bändigende Auswanderungslust, Umsturz aller Sitten, Entvölkerung u. s. w. Sie fanden in einzelnen Punkten eine wissenschaftliche Vertretung dieser Anschauungen unter den Nationalökonomen der damals herrschenden sogenannten „romantischen Schule". So erklärte Graf Georg Cancrin die Eisenbahn als Sache einer Tagesmode und die Verkehrsbeschleunigung als in die Kategorie des Luxus gehörig, und Ludwig von Haller machte die Eisenbahnen für die allgemeine Verarmung, für das Schwinden der Heimathsliebe, für die zwecklose Reiselust, für Verschwendung und Vagabundenthum verantwortlich. Die Gegner der zweiten Klasse bemühten sich zunächst — sei es im Ernste oder nur scheinbar — die Vortheile und Nachtheile der neuen Erfindung gegeneinander sachlich abzuwägen und schlossen dann nach eifrigster Hervorhebung aller Gegengründe entweder mit einem aus der ganzen Darstellung leicht zu deutenden Fragezeichen, oder mit direkter Parteinahme gegen die Eisenbahn.

Die sachlichen Gründe, die dabei gegen die Eisenbahn in's Feld geführt wurden, waren hauptsächlich folgende: Die Eisenbahnen erleichtern das Vordringen eines fremden Kriegsheeres, (— „es ist gewiß, daß Napoleon 1812 Rußland erobert hätte, wenn dort Eisenbahnen gewesen wären —"); die inländische Pferdezucht, an deren Erhaltung doch auch dem Militär viel gelegen sein muß, wird ruinirt; Deutschland hat weder die Kapitalien noch den Verkehr, eine Eisenbahn bauen zu können, in England und Frankreich, ja selbst in Rußland und Oesterreich sind ganz andere Verhältnisse. Süddeutschland hat keinen Handel auf weitere Entfernungen und braucht keine solche Erleichterung des Verkehrs, es fehlt an Verkehr; der bisher hier vorhandene in Mannheim, Heilbronn, Straßburg, am Maine und in Nürnberg wird, weil er hauptsächlich Speditions= oder Transithandel ist, vernichtet werden; die Staatsfinanzen werden ruinirt, denn die Domänengefälle sinken bei dem allgemeinen Sinken der Preise, die Weggelbeinnahmen hören auf, die allgemeine Verarmung wird sich in den Steuern geltend machen; die ausländische Konkurrenz in Fabrikaten wird das Gewerbe ruiniren, das Spannfuhrwerk wird vernichtet, die Landwirthschaft, die bisher Hafer, Heu und Stroh lieferte, schwer geschädigt; der Untergang aller mit dem Spannfuhrwerk zusammenhängenden städtischen und ländlichen „Nahrungen" an den bisherigen Landstraßen, also namentlich der Gasthöfe, Schmiede, Wagner, Sattler, Seiler, Gerber und der mit Viktualien=Verkauf sich beschäftigenden Gewerbe der Metzger, Bäcker, Brauer, Branntweinbrenner, Melber, Müller ist sicher; der Ruin der Flußschifffahrt, namentlich auch des projektirten Main=Donau=Kanals, ist zweifellos; selbst die Schuhmacher und Schneider werden nichts mehr zu thun haben; („denn wer wird den nachtheiligen Einfluß der Eisenbahnen härter empfinden, als diese, die nun, wenn Alles fährt und Niemand mehr geht, viele Millionen Schuhe, Stiefel, Hosen und Röcke weniger zu machen haben werden"); der Untergang einer Menge von Fabriken und Gewerben, die bei der großen Konsumtion von Holz und Kohlen durch die Dampfwagen und dem dadurch bewirkten Steigen der Holzpreise den Betrieb werden einstellen müssen, ist besiegelt; die Eisenbahn ist ein absolut unzuverlässiges Verkehrsmittel und ihre allgemeine Einführung kann zu den größten Verkehrsstörungen Anlaß geben. („Wie, wenn der Blitz einschlüge und durch Fortleitung des elektrischen Feuers die Eisenbahn zerstört und somit die Kommunikation besonders zu Meßzeiten auf Wochen und Monate unterbrochen würde, wie sollten dann die Güter fortgeschafft werden? Etwa auf Bauernwagen?").

Wem da noch nicht umheimlich ward, dem wurde „mit spezieller Berücksichtigung der bayerischen Verhältnisse" mit vieler Wärme zugerufen: „Wozu braucht unser zwar nicht stiefmütterlich bedachtes, aber an Nährstoff großen Handelsbetriebes nicht überreiches Land der Eisenbahnen? Reduziren wir nicht vielmehr die etwaige Wichtigkeit unseres Landstrichs, wenn wir den Reisenden auf Adlerflügeln gleichsam hindurch helfen, ihn jedes Verweilens entheben und das ganze Land gleichsam in eine Anhebank am Heerweg verwandeln, die der Reisende einen Augenblick, so lange nämlich wie es etwa dauert, Steinkohlen und Wasser einzunehmen, besetzt und undankbar wieder verläßt oder an der er wohl auch verächtlich vorübereilt? Lähmen, tödten wir nicht den Vertrieb und Gewinn so vieler kleiner Arbeiten, Industrien und Getriebe, die erst durch die ländlichen Distanzen erweckt, die Träger städtischer und dörflicher, genügsamer, achtbarer Nahrungen, Oekonomien und Sitten sind, um sie, ohne Rücksicht auf unsere Ausstattung, in den Kauf zu geben oder uns in eine Konkurrenz zu werfen, in der wir vielleicht unbemerkt verschwinden werden? Was treibt uns hinaus auf diese glatte Wettbahn, welche Zeichen rufen uns, eine Existenz, einen Namen, die unter ganz anderen Sternen zu Ehren gelangt sind, auf das Spiel einer neuen Abenteuerschaft zu setzen, wozu wir vielleicht ebenso wenig Geschick als Mittel haben?" — — Das sind so einige Literatur=Pröbchen aus der Zeit der Agitation gegen die Eisenbahnen. Es würde uns an dieser Stelle zu weit führen, vom Standpunkte der Gegenwart jene Prophezeiungen auf ihre Richtigkeit zu untersuchen. Es war ja an manchen, wie heute allgemein anerkannt ist, etwas Richtiges, aber im Großen und Ganzen sehen wir an diesem Beispiele recht deutlich, wie sehr die Gegner des Verkehrsfortschrittes, wenn sie gereizt werden, in Uebertreibungen verfallen. Von den Vertheidigern kann man dies in Bezug auf die ersten Anfänge des Eisenbahnwesens in Bayern nicht sagen, sondern eher das Gegentheil!

Auch unter ihnen können wir zwei Richtungen — eine ganz und eine halb überzeugte — erkennen. Zur letzteren gehörten diejenigen, die den Eisenbahnen nur für bestimmte Verhältnisse eine Bedeutung zusprachen und vor zu großer Verallgemeinerung der Idee warnten. Der Marburger Nationalökonom Professor Lips z. B. schrieb zuerst eine Schrift „Ueber die Unanwendbarkeit der englischen Eisenbahnen auf Deutschland (Marburg 1833)" und ließ später= hin nach seiner Bekehrung die Eisenbahn nur für Personenverkehr gelten, aber nicht für den Güterverkehr. Und doch war er auf der anderen Seite ein lebhafter Vertheidiger des Eisenbahnwesens und ein für die damalige Zeit ge= radezu waghalsiger Prophet.

Andere Vertheidiger des Eisenbahnwesens machten dabei mehr als nöthig war eine lange Reihe von: „Einerseits — Andrerseits", und die Gegner be= mühten sich, diese „Andrerseits" für sich auszubeuten. Der „extremste" Ver= theidiger des neuen Verkehrsfortschrittes, Friedrich List, schoß auch nicht übers Ziel hinaus; er reichte mit seinen Prophezeiungen gerade an die nächste Wirk= lichkeit hin. Das Netz von ca. 600 deutschen Meilen Eisenbahnen, das er auf einem Kärtchen entwarf, ist in der Hauptsache schon nach etwa 15 Jahren thatsäch= lich gebaut gewesen, nachdem List inzwischen nach einem ebenso rastlosen wie un= dankbaren Wirken für den Fortschritt der Menschheit in Kummer und Verbitterung seinem Leben selbst ein Ende gemacht hatte. Die spätere Wirklichkeit hat auch die kühnsten Träume eines List übertroffen. Sind doch jetzt nach Richard Koch im deutschen Reiche 7 Milliarden Mark in Eisenbahnen investirt, welchen ein Einnahme= und Ausgabe=Gesammt=Budget von 800 Mill. Mark entspricht. Und was die Betriebstechnik des Eisenbahnwesens anlangt, welcher Abstand von den ersten Dampfwagen und den modernsten Lokomotiven, die an die 500 Pferdekräfte entwickeln und ein halbes Hundert voll belasteter Güterwagen ziehen; welcher Abstand in der Fahrgeschwindigkeit und in der Frachtbilligkeit der Eisenbahn von damals und heute!

Wer überhaupt aus der Geschichte etwas lernen kann, der muß aus der Kulturgeschichte des 19. Jahrhunderts die Mahnung entnehmen, zukunfts= freundlich zu sein. Es genügt dabei in vielen Dingen nicht, die alte haus= backene Weisheit „Jedes Ding hat seine zwei Seiten" zu statuiren, sondern, so sehr es für den Mann der Wissenschaft, der an ein objektives Publikum sich wendet, am Platze ist, Vortheile und Nachtheile einer Maßregel gleich= mäßig abzuwägen, so sehr ist es wünschenswerth, daß auch im gegebenen Falle die Geringfügigkeit der Nachtheile gegenüber den Vortheilen, — wir möchten sagen — mit gesperrter Schrift hervorgehoben wird. Es kann nicht bezweifelt werden, daß die Eisenbahnen viele Schäden für unser wirthschaftliches und soziales Leben mit sich gebracht haben, und daß weitere Fortschritte im Ver= kehrswesen abermals eine Reihe von Schäden mit sich bringen werden, aber es fragt sich doch stets, ob die Vortheile nicht weit überwiegend sind. Unsere moderne Nationalökonomie läßt es auch auf diesem Gebiete wahrhaftig nicht daran fehlen, die Licht= und Schattenseiten stets objektiv hervorzuheben. Wir brauchen in dieser Beziehung nur an die verkehrspolitischen Arbeiten des Göttinger Nationalökonomen Professor Cohn zu erinnern. Ob man aber in dieser Beziehung nicht zu weit gehen kann im Hinblick darauf, daß stets Gegner jeden Fortschrittes fangbegierig auf neue Gesichtspunkte für ihre Tendenzen lauern — wir erinnern an die Ausbeutung der Ulrich'schen Schrift über Staffeltarife und Wasserstraßen durch die agrarischen Gegner der Kanalvorlagen in Preußen — ob nicht die junge Wissenschaft der realistisch-historischen Nationalökonomie in ihrer scharfen Objektivität manchmal dem Knaben gleicht, der sein erstes Messer erhalten hat und nun mit Lust die Schneide desselben an allen möglichen Gegenständen probirt, auch an solchen, die er mehr schonen sollte, das ist eine andere Frage.

Es gab zu allen Zeiten und gibt ebenso in der Gegenwart viele Gebiete, auf denen nicht das „Einerseits-Andererseits", sondern nur das Einerseits eine Berechtigung hat. Freilich hat die Erfindung des Schießpulvers nicht nur Frieden, Besitz und Rechtszustand gefördert, sondern auch gefährdet; freilich hat die Erfindung der Buchdruckerkunst nicht nur Wissen verallgemeinert, sondern auch Laster; freilich hat die Entdeckung Amerikas und des Seewegs nach Indien nicht nur die Westmächte Europas bedeutend emporgebracht, sondern auch gleichzeitig die mittelländischen und besonders die deutschen Städte schwer geschädigt. Aber trotz alledem war bei der Würdigung dieser drei Ereignisse, wie wir heute klar sehen — unstreitig nur die vertheidigende Kritik berechtigt; — denn es handelte sich um große allgemeine Kulturfortschritte.

Auf dem Gebiete des Verkehrswesens werden wir voraussichtlich in sechzig Jahren um ein ähnliches Stück vorwärts geschritten sein, wie wir es heute sind gegenüber der von uns oben geschilderten verkehrsgeschichtlichen Episode der Zeit des ersten Eisenbahnprojektes. Alles, was wir heute als neue große Errungenschaft preisen, war früher „Zukunftsmusik". Es wäre ziemlich zwecklos, sich über diese ferne Zukunft mit aeronautischen und anderen Vermuthungen zu ergehen. Fragen wir uns aber, was die nächste Zukunft auf dem Gebiete des Verkehrs Neues bringen wird, so erscheint uns Folgendes als das Richtige.

Das System der Dampf-Lokomotiv-Eisenbahn, wie wir es heute besitzen, hat in betriebstechnischer Beziehung wohl seinen Höhepunkt erreicht und kann kaum noch eine nennenswerthe Weiterentwicklung erfahren; dagegen wird wohl das Tarifsystem der Eisenbahn besonders nach vollendeter Amortisation der Anlagekapitalien sich nach der Richtung der Einfachheit, der Einheitlichkeit, des Ausgleiches und damit der Billigkeit noch weiter entwickeln. Das Prinzip des Staffel- und Zonentarifs im Güter- und Personenverkehr ist in unseren Nachbarstaaten bereits eingeführt und erprobt, wird also wohl mit der Zeit auch den Weg zu uns finden. Gleichzeitig mit der Tarifreform wird aber voraussichtlich der Ausbau des deutschen Wasserstraßennetzes für den Güterverkehr fortgesetzt werden, da den Wasserstraßen trotz mancher Nachtheile gegenüber den Eisenbahnen so bedeutende naturgesetzliche Vortheile in der Bewältigung von Güterverkehr zur Seite stehen, daß auch in der prinzipiellen Beurtheilung dieser Frage, also ganz abgesehen von der Prüfung konkreter Projekte, unserer Ueberzeugung nach nicht das bewußte „einerseits-andererseits", sondern nur das „einerseits" Berechtigung hat.

Ob den Eisenbahnen auch im Personenverkehr durch ein neues Verkehrsmittel, vielleicht durch ein aus der Verbindung unseres Velozipedes mit einem modernen Motor entstehendes neues Vehikel eine Konkurrenz gemacht und den alten Landstraßen damit ein Theil ihrer früheren Bedeutung für den Fernverkehr wieder gegeben wird, dafür liegen lange noch nicht so viele sichere Faktoren vor, daß man ein Urtheil begründen könnte.

Wir haben auseinandergesetzt, daß es zur Zeit vor allem die allgemeine Eisenbahntarifreform und der Ausbau des Wasserstraßennetzes sind, worauf der zukunftsfreundliche Verkehrspolitiker sein Augenmerk und seine Hoffnung zu setzen hat. Das geht nun freilich oft nicht so rasch, wie man möchte. Roulez, roulez! ruft das fortschrittsbedürftige Publikum dem Leiter des Verkehrswesens zu, der auf dem Bocke des Staatswagens sitzt, er aber setzt ein arrêtez! arrêtez! entgegen; er kann nicht die Zügel schießen lassen zu dem gewünschten Galopp, denn auf dem großen Forum des öffentlichen Lebens muß auf gar vielerlei, — links und rechts — Rücksicht genommen werden. Aber so manchmal würde ein rascheres Tempo gar nicht schaden. Um dieses zu erzielen, dürfte Folgendes recht nützlich sein:

Man stelle sich vor, der Historiker der Zukunft mache eine Darstellung, so eine Art Blitzlichtaufnahme von einer Episode der Gegenwart, ähnlich wie wir es im Vorstehenden für die Zeit vor 70 Jahren versuchten. Da würde dann wohl mancher viel darum geben, wenn er nicht mit auf das Gruppenbild käme, aber es hilft kein Verstecken! Mit der Ruhe des Unbetheiligten, nur die Wahrheit und als Gesichtspunkt den Fortschritt im Auge, geht der Geschichtsschreiber des 20. Jahrhunderts an die Aufnahme des Bildes und mit einem überlegenen Lächeln ruft er uns zu: „Nur einen Moment, meine Herren, bitte recht zukunftsfreundlich!"

II.
Der Nord-Ostseekanal.*)

Es war im Sommer des Jahres 1785, — da feierte man an der „Holtenaher" Schleuse bei Kiel ein Fest zur Eröffnung des Nord-Ostsee-Kanals¹). Acht Jahre lang, von 1777 bis 1785, war an dem Werke gearbeitet worden; nun war es fertig, das neue „Weltwunder", und die Leiter des Baues, Wegener und von Peymann, sowie der Vorsitzende der „Kanal-kommission", Prinz Karl zu Hessen, erhielten die wohlverdienten Orden. Dem Regenten Dänemarks, Christian dem Siebenten, der sich ganz besonders des großen Werkes angenommen hatte, wurden an den Schleusenmauern zu Kiel und Rendsburg Gedenktafeln gesetzt, welche die Inschrift trugen: »Christiani VII Jussu et Sumtibus Mare Balticum Oceano Commissum«. Auf dem Marmor-Obelisk aber, der die Einfahrt in den Kanal bezeichnete, stand die Widmung: »Patriae et Populo«.

Und er verdiente wahrlich die stolze Widmung, dieser Eiderkanal, denn er überragte nicht blos in hohem Maße die Abmessungen der damaligen Kanäle, sondern er war auch für die damaligen Schifffahrtverhältnisse ein wirklicher Seekanal, ein sehr leistungsfähiger Nord-Ostseekanal. Auf ihm entwickelte sich ein reger Verkehr und gegen Ende des Jahrhunderts bildete sich eine dänische Handels- und Schifffahrtcompagnie, die allein auf den Verkehr des Eiderkanals begründet war²). Noch zwanzig Jahre nach der Vollendung des Bauwerkes stellte ein angesehener hannoveranischer Techniker³) ihm folgendes bemerkenswerthe Zeugniß aus: „Dieses opus stupendum, welches alle anderen der Art übertrifft, und der einzigste Kanal in allen Welttheilen ist, welcher mit großen Schiffen befahren werden kann, ist ohne die mindeste Beschwerde des Landes und ohne den mindesten Zufall ausgeführt worden. Verschiedene Landstrecken, die vor zwanzig Jahren theils mit Haide bewachsen, theils morastig, theils dürre und unfruchtbar waren, prangen jetzt mit dem schönsten Wiesengrün und Getreide."

Es vergingen weitere fünfzig Jahre und der Eiderkanal war immer noch ein opus stupendum, ein bewunderungswürdiges Werk. Im Jahre 1853

---
*) Der geneigte Leser wird sich nach Lektüre dieses Kapitels (bes. S. 30) wohl erklären können, warum ich diesen Aufsatz über den Nord-Ostseekanal der Besprechung der „mittelländischen Verkehrsprojekte" vorangeschickt habe. Als vollendetes Werk gehört der Nord-Ostseekanal ja eigentlich nicht in diese den Projekten gewidmete Schrift, allein er gibt uns vor allem einen Maßstab dafür, was moderne Technik und speziell Deutschland leisten kann und sodann ist die Thatsache des Nord-Ostseekanals ein wichtiges Ferment für den Ausbau der mittelländischen Wasserstraßen. Der deutsche Seekanal ist jetzt fertig, nun kommen die deutschen Mittelland-Kanal-Projekte an die Reihe!

fuhren durch den Kanal⁴), trotzdem sich die Kanalgebühren eben so hoch, ja noch höher stellten als der Sundzoll, 3997 Schiffe. Darunter waren 2447 dänische, 703 holländische, 579 hanoveranische, 86 schwedische, 58 oldenburgische, 57 hamburgische, 15 russische; dazu kamen einige finische, französische, belgische, norwegische, nordamerikanische 2c, und — 12 preußische Schiffe. Damals war der Kanal wohl in den sogenannten „besten Jahren" und diese kommen bekanntlich dann, wenn die guten zu Ende gehen, also wenn man alt wird. Die Seeschiffe wurden allmählich größer, zu groß für den Eiderkanal, dieser aber blieb der alte und erhielt nun, je mehr neue Projekte hervortraten, auch den Beinamen: der „alte" Nord=Ostseekanal. Er ist gerade hundert Jahre alt geworden, dann begann man mit dem Bau eines neuen Nord=Ostseekanals.

Als ich diesen vor einigen Wochen befuhr, ließ ich mir, meiner historischen Neigung folgend, auf der Strecke Rendsburg=Kiel, wo der alte Kanal öfters von dem neuen geschnitten wird, die Reste des alten zeigen. Ich glaubte, wie die meisten Besucher, etwas Gescheidtes sagen zu müssen, setzte eine nachdenkliche gelehrte Miene auf und bemerkte, daß das Vorhandensein eines älteren Kanals doch ein wesentlicher Vortheil für den neuen Kanal gewesen sein müsse. „Ach was — im Gegentheil", so lautete die Antwort unseres Führers, „der alte Graben hat uns mehr zu schaffen gemacht als genützt". — So weit ist es also mit dem einstigen opus stupendum gekommen", dachte ich und machte keine gescheidten Bemerkungen mehr. Insgeheim grollte ich aber über die Pietätlosigkeit und dachte mir: „Na, wartet nur, Ihr werdet auch nicht älter als hundert Jahre". Hat mir doch einmal ein namhafter Musikschriftsteller gesagt, es werde die Zeit kommen, da man Richard Wagner eben so neu instrumentieren müsse wie jetzt den alten Gluck, — und so wird wohl auch der neue stolze Nord=Ostseekanal in gar nicht zu langer Zeit neu instrumentirt werden müssen. Als ich kurz nach jenem Gespräch in Holtenau die zwei großen Anlagen besichtigte, in denen die hydraulische und die elektrische Kraft, jene für den Betrieb der Schleusen, diese für die Beleuchtung des Kanals (mit 800 Bogenlampen), erzeugt wird, da versuchte ich abermals eine gescheidte Bemerkung zu machen, und fragte, warum man denn nicht auch zum Betrieb der Schleusen den elektrischen Strom verwende und eine einheitliche Anlage gemacht habe. „Ja, das ist so eine Sache", lautete die Antwort, „damals, als der Bau des Kanals begonnen wurde, stellten unsere jetzigen Einrichtungen die beste Betriebsart dar; wenn wir jetzt noch einmal zu beginnen hätten, würden wir vielleicht die Elektrizität auch als motorische Kraft verwenden". „Hm, hm", knurrte ich selbstzufrieden und etwas hämisch; jetzt war ich ja gerächt. Ohne Groll konnte ich mich jetzt mit dem zukünftigen Schicksal des neuen Nord=Ostseekanals beschäftigen.

Ich kam zu dem Schluß, daß nach dieser Richtung kein Grund zu Besorgnissen vorhanden ist. Für eine eventuell nothwendig werdende Verbreiterung des Kanals ist ein Landstreifen längs der ganzen Kanallinie vorgesehen und auch Vertiefung kann, da die Kanalsohle ja nicht befestigt ist, mühelos erfolgen. Daß man mit einer späteren Vergrößerung eines Seekanals rechnen soll, daran mahnt uns der Umbau des Suezkanals. Auch mit Nachbesserungen, Ergänzungen, Neuerungen, Rutschungen und entsprechenden Geldforderungen sollte man im Voraus rechnen, um nicht später erstaunt zu sein. Ohne solche ist es wohl noch bei keinem großen Kanalbau abgegangen. Darüber pessimistisch zu denken wäre ganz verkehrt. Die Hauptsache ist, daß wir den „Besten unserer Zeit" genug gethan haben, — und Das haben wir. Und damit käme ich von der Vergangenheit und Zukunft des Nord=Ostseekanals zu seiner Gegenwart und will, bevor ich auf seine durch die Inschrift auf dem Obelisken am alten Eider= kanal »patriae et populo« so schön bezeichnete Doppelbedeutung eingehe, einige Daten vorausschicken.

Der Hauptbestandteil eines Kanals ist ein Graben, der in das Land eingeschnitten und mit Wasser gefüllt wird. Der Graben ist für den Kanal dasselbe wie für die Eisenbahn der Damm, und der Wasserspiegel entspricht den Schienen. Auch die Form des Grabens entspricht einem umgekehrten Damm, denn der Kanalgraben ist unten enger, oben breiter, seine beiden Seitenflächen, die „Böschungen", steigen bald flacher, bald steiler, hüben und drüben empor, so daß die Breite auf dem Grund des Grabens, der „Kanalsohle", wesentlich geringer ist als oben am Wasserspiegel und natürlich noch geringer als auf der Höhe der Böschungen, die vom Wasserspiegel des Kanals noch auf beiden Seiten aufsteigen. Ein solcher Graben zieht sich nun 98 Kilometer lang, an der Sohle 22 Meter, am Wasserspiegel 65 Meter breit, mit etwa 9 Meter nutzbarer Tiefe quer durch die die Nordsee von der Ostsee trennende jütische Halbinsel von Holtenau bei Kiel bis in die Nähe von Brunsbüttel an der Elbe hin. Der Graben ist breit und tief genug, um den größten für die Nord=Ostseefahrt zur Zeit in Betracht kommenden Schiffen die Fahrt und zwei Handelsschiffen das Nebeneinanderfahren zu gestatten. Um bei der Kanalfahrt der großen Kriegsschiffe den anderen Schiffen das Ausweichen zu ermöglichen, sind zudem sechs besondere Ausweichestellen am Kanal angelegt worden.

Wenn nun das Terrain, durch das dieser Graben gezogen wurde, ein stark ansteigendes, ein gebirgiges gewesen wäre, so wäre ein Schleusenkanal nothwendig gewesen, d. h. man hätte, da man keine hohen Berge durchschneiden kann und da das Wasser bekanntlich nicht bergauf fließt, theils große Tunnel= lirungen ausführen, theils den Kanalgraben über die Höhe mit Kammerschleusen — deren System ich wohl als bekannt voraussetzen darf — hinüberführen und den ganzen, nun in zwei Theile zerfallenden Kanalgraben von dem höchsten Punkt aus nach Osten und Westen hin mit Wasser speisen müssen. Solche örtlichen Schwierigkeiten boten sich beim Nord=Ostseekanal nicht. Die gewählte Richtung oder „Trace" des Kanalgrabens stieß zwar besonders zwischen Rends= burg und Kiel, dann an der Wasserscheide zwischen Elbe und Eider bei Grünenthal auf einige Bodenerhebungen, die geographisch die letzten westlichen Ausläufer des großen uralisch=baltischen Höhenrückens bilden, allein diese waren nicht zu hoch, um nicht durch tiefere Einschnitte überwunden werden zu können.

So ist also der Kanal — abgesehen von den nicht für die Höhenüber= windung bestimmten Endschleusen — ohne Schleusen gebaut, folglich ein soge= nannter Niveaukanal. Sein Wasserspiegel liegt bei mittlerem Wasserstand auf dem gleichen Niveau mit dem der Ostsee und dem der Elbe. Nur ein ganz leichtes Gefälle macht sich gegen die Nordsee zu geltend. Es fließt also, ab= gesehen von den geringen Süßwasserzuflüssen, salziges Seewasser, und zwar wegen des leichten Gefälles zur Nordsee und wegen der bedeutenden Senkung des Elbewasserspiegels beim Eintritt der Nordsee=Ebbe — die Ostsee hat be= kanntlich keine Gezeiten — Ostseewasser durch den Kanal.

Die Schwierigkeiten bei der Aushebung eines so breiten und tiefen Kanalgrabens waren keine geringen. Da hieß es, auf weite Strecken in häuser=

tiefem Moorgrund durch Einschüttungen von Sand u. s. w. erst einen aus=
hebungsfähigen Boden schaffen, hier war der tiefer liegende Marschboden durch
Deiche vom Kanalwasser zu schützen, dort war in die Anhöhe ein 20 bis 30
Meter tiefer Einschnitt zu graben, da waren die Erdmassen fortzuschaffen und,
wo sie nicht zu Dämmen und Aufschüttungen des Moorgrundes an anderen
Stellen verwendet werden konnten, weiter zu transportiren, wodurch landein=
wärts künstliche Hügel entstanden, da waren die Uferböschungen ca. einen Meter
über und zwei Meter unter dem Wasser wegen des Wellenschlages der Schiffe
mit Steinen oder Betonplatten zu befestigen; an anderen Stellen — im öst=
lichen Theile, wo die Eiderseen benutzt werden konnten — mußte in deren
Betten die Kanalrinne ausgebaggert und durch Leuchtgasbojen bezeichnet werden.
Die Eider selbst hat an sich eben so wie der alte Eiderkanal das Werk wenig
gefördert. Mußten doch dort, wo der Kanal sich der Untereider nähert, hohe
Dämme gegen die Hochwasser dieses Stromes, der ja bis Rendsburg der
Fluthwirkung der Nordsee ausgesetzt ist, errichtet werden. Der Anschluß an
die Eider selbst wurde bei Rendsburg hergestellt, wo der untere Lauf der Eider
beginnt. Im Aadorferste zweigt eine ausgebaggerte Rinne von der Kanalrinne
zum Eiderstrom ab, der bei Rendsburg mittelst einer neuen Eiderschleuse
von 68 Meter Länge, 12 Meter Breite und 5,5 Meter Tiefe — die Ab=
messungen entsprechen dem Eiderfahrwasser — an den Nord=Ostseekanal an=
geschlossen ist. Die Schleuse war nothwendig, weil bei der Durchführung
unseres Niveaukanals der Wasserspiegel der Untereider und der berührten
Eiderseen sich entsprechend gesenkt hatte, so daß ohne jene Schleuse die Eider
von der Nordsee her in den Kanal bezw. in die Ostsee gemündet wäre. Ueberall,
wo der Kanal Wasserläufe durchschnitt, senkte sich deren Wasserspiegel auf das
Meeresniveau und auch das Grundwasser ging entsprechend zurück. Darin
liegt die topische Bedeutung des Kanals. Er hat vielfach in wohlthätiger
Weise zur Entwässerung beigetragen; wo er aber des Guten zu viel that,
mußte durch Bewässerungsstationen aus dem Kanal dem Lande das von unten
entzogene Wasser von oben wieder zugeführt werden. Ueber den Umfang der
Verwendung von Maschinenkraft bei Herstellung des Kanals geben folgende,
dem Baujahr 1891, in dem wohl die größte Erdbewegung stattfand, ent=
nommenen Zahlen einigen Anhalt. Es sind in diesem Jahre bei den Arbeiten
thätig gewesen: 90 Lokomotiven, 2473 Transportwagen, 66 Dampfbagger
verschiedener Art (Trockenbagger, Naßbagger, Elevatoren), 133 Schleppdampfer
und Kähne, Hand= und Bockkrähne, 6 große Maschinenanlagen zur Beton=
und Mörtelbereitung, 1496 Aufsichtsbeamte und Handwerker (ausgenommen
das Aufsichtspersonal der Bauverwaltung), 5618 sonstige Arbeiter, im Ganzen
durchschnittlich 7114 Personen; bei der Kaiserlichen Kanalkommission und den
ihr unterstellten Dienststellen waren jährlich durchschnittlich beschäftigt: 8 höhere
Verwaltungsbeamte, 57 höhere Baubeamte einschließlich Ingenieure, 4 Land=
messer, 51 Bauaufseher, 30 Zeichner und Vermessungsgehilfen rc., 68 Bureau=
beamte, 6 Baracken=Inspektoren, 61 Barackenverwalter, Gehilfen und Köche,
16 Krankenwärter, 1 Werkmeister und 38 Baggermeister, Schiffsführer und
Maschinisten. Man denke sich diese ganze Kulturbrigade in Thätigkeit und
man erhält eine Vorstellung von der Arbeit am Nord=Ostseekanal. Auch
diese Vorstellung wird natürlich wieder bestätigen, daß die Aushebung des
Kanalgrabens der Hauptbestandtheil des Werkes war, sie wird aber auch auf
die anderen Bestandtheile hinweisen.

Unter diesen sind die wichtigsten die Arbeiten für die Abschlüsse des Kanal=
grabens an den Meeren bezw. an der Elbemündung und für die Ueberbrück=
ungen derselben. Die ersteren finden sich in der Nähe von Kiel bei Holtenau und
drei Kilometer östlich von Brunsbüttel an der Elbe; die letztere Ausmündung
wurde deshalb gewählt, weil hier in der Elbe eine ausgezeichnete Fahrwasser=
rinne von 10 bis 14 Meter bei Niederwasser an den Kanal direct anschließt.

Die den Kanal an der Nord= und Ostsee abschließenden großen Schleusen=
anlagen bei Holtenau und in der Nähe von Brunsbüttel haben den Zweck,
ihn einerseits gegen die nicht durch Fluthwirkung, sondern durch den Wind
verursachten Wasserstandserhöhungen in der Ostsee, also besonders gegen Sturm=
fluthen, andererseits gegen die täglichen regelmäßigen Nordseefluthwasserstände
der Unterelbe, wozu auch hier noch Windfluthen kommen können, abzuschließen.
Daraus ergiebt sich, daß die Ostseeschleuse bei Holtenau nur selten — man
rechnet 25 Tage im Jahre — geschlossen werden muß, während die Nordsee=
schleuse bei Brunsbüttel nur täglich zweimal je drei bis vier Stunden während
der Ebbe, d. h. so lange die Elbe unter den mittleren Wasserstand des Kanals
und damit auch der Ostsee sinkt, offen bleibt. Dagegen wird während der
Fluthzeit in der Elbe die brunsbütteler Schleuse geschlossen und dann müssen
die Schiffe zur Elbe durchgeschleust, d. h. in den Kammerschleusen durch
Füllung vom Kanalgraben auf das Niveau der Elbe hinaufgehoben werden.
Während des Offenlassens der brunsbütteler Schleuse zur Ebbezeit entsteht
selbstverständlich eine Strömung in dem ganzen Kanal von der Ostsee zur
dann tiefer liegenden Elbe hin und diese Strömung hat vor allem das Gute,
daß sie die auch durch den regen Schiffsverkehr schon behinderte Vereisung des
Kanals wenigstens so weit beschränkt, daß sie nur bei ganz harten Frösten
eintritt, wo dann auch die Ostseehäfen geschlossen sind und der Schiffsverkehr
überhaupt ruht. Sie hat ferner den Nutzen, daß der Vorhafen zur bruns=
bütteler Schleuse tagtäglich durchspült und vor Versumpfung bewahrt wird.

Dieser Vorhafen vor der Schleuse bei Brunsbüttel ist nicht in die Elbe
hineingebaut, sondern in das Land eingeschnitten, so daß also die Endschleuse
nicht direct an die Mündung des Kanals in die Elbe zu liegen kommt. Er
hat den Zweck, den Schiffen ein ruhiges Abwarten und eine sichere Einfahrt
in die Schleuse zu ermöglichen, während ein hinter der Schleuse landeinwärts
befindlicher Binnenhafen auch Betriebszwecken dient. Dem gleichen Zweck wie
der Vorhafen, der sicheren Einfahrt der Schiffe in den Kanal, dient eine weit
in die Elbe trichterförmig hineingebaute Damm= oder Molenanlage, aus mäch=
tigen Granitmauern bestehend, an deren beiden Endpunkten Leuchtthürme die
Einfahrt kennzeichnen. Waren schon bei dieser Einfahrtsanlage zur bruns=
bütteler Schleuse, insbesondere bei der Fundirung der Molen in der Elbe
große technische Aufgaben zu lösen, so war dies nicht minder bei den Schleusen=
bauten selbst der Fall.

Ich hatte im vorigen Jahre den Amsterdamer Seekanal und die See=
schifffahrtschleuse von Ymuiden besichtigt und erwartete mir hier deshalb nichts
Neues. Das vierhundert Jahre alte System der Kammerschleuse bleibt ja im
Grunde immer dasselbe, dachte ich mir. Aber welch ungeheurer Abstand von
den alten Schleusenkämmerchen bis zu den großartigen Dimensionen und Betriebs=
vorrichtungen der beiden Nord=Ostsee=Kanalschleusen! Ein Unterschied zwischen
der holtenauer und der brunsbütteler Schleuse tritt nicht hervor, nur ist die
brunsbütteler Anlage etwas höher, weil sie ja auch gegen Spring= und Sturm=

fluth zugleich gerichtet ist. Die Daten gelten also im Wesentlichen für beide Anlagen.

Man muß sich die Schleusenbauwerke im Entstehen begriffen denken, um die richtige Vorstellung zu bekommen. Man denke sich in die gegen das Wasser der Umgebung mit komplizirten Anlagen geschützte, auf riesige Betonplatten fundirte Baugrube gestellt und betrachte nun das Bauwerk. Da sieht man nun vor allem ein kolossales Mauerwerk — Mauern von 10—15 Meter Dicke, 14 Meter Höhe, 210 Meter Länge — welches durch eine besonders starke Mittelmauer in zwei gleiche Hälften geschieden, zwei steinerne Rinnen von je 25 Meter Breite bildet. Diese beiden Rinnen geben nun die Grundlage für die Schleusen, die durch Einsetzung der eisernen Schleusenthore gebildet werden. Die zwei Rinnen sind nothwendig, weil es sich um Doppelschleusen, also um zwei neben einander liegende Kammerschleusen, handelt, von denen die eine zum Auslaufen, die andere zum Einlaufen der Schiffe dient. Von dem Grunde der Bauwerke aus gesehen, hat so ein eisernes Schleusenthor die Höhe eines vierstöckigen Hauses. Jetzt freilich, nachdem der Bau vollendet ist und das Wasser den ganzen unteren Theil der Bauwerke verdeckt, treten die Dimensionen nicht so hervor. Nicht vier, sondern sechs Paar Doppelthore bilden nun die Schleusenkammern, die eine Länge von 150 Metern, eine lichte Breite von 25 Metern, eine Tiefe von 9,8 Metern besitzen. Die mittleren Thorpaare sind Gitterthore, deren Oeffnungen durch Sperrschützen allmählich geschlossen werden können, und sie treten in Funktion, wenn der Wasserdruck von außen zu stark und unvermittelt würde und die nicht gitterartig durchbrochenen äußeren Hauptthore zu sehr belasten könnte. Solche Ziehschützen hat man bei gewöhnlichen Schleusen in der Regel, um das Wasser in die Schleusenkammern zu lassen. Bei den Nord-Ostseekanalschleusen geschieht jedoch der Wassereinlaß zur Füllung der Schleusenkammer durch Wasserzuleitungen in dem Mauerwerk.

Für die Bewegung der kolossalen Schleusenthore wird in einer Maschinenhalle am Ufer die nothwendige hydraulische Kraft erzeugt, die unter der Sohle der einen Kammerschleuse zu der Mittelmauer geleitet wird, in welcher — die großen Dimensionen dieser „Mauer" gestatten es — der Maschinenraum für den Betrieb der ganzen Schleuse eingerichtet ist. Die Ventile der Maschinen können durch entsprechende, oben auf der Mauer angebrachte Klappen regulirt werden, so daß ein Mann, auf der Mittelmauer stehend, durch eine Bewegung an den unscheinbaren, am Boden sichtbaren Klappen die cyklopischen Schleusenthore zur Oeffnung und zum Verschluß bringen kann. Für den Fall des Versagens der hydraulischen Maschinen sind verschiedene andere Einrichtungen getroffen, überhaupt ist — hauptsächlich des strategischen Zweckes wegen, dem der Kanal dienen soll — für Alles vorgesorgt. Die ganze Einrichtung der Nord-Ostsee-Kanalschleusen hat auch für den, der schon ähnliche Werke gesehen hat, etwas Imponirendes.

Ein anderes Feld zur Entfaltung moderner Ingenieurkunst bot sich bei den Ueberbrückungen des Kanals. Es führen über den Kanal zur Ueberleitung der Eisenbahnen und Chausseen außer 10 Fähren noch 3 Drehbrücken, deren Prinzip bekannt sein dürfte und deren Bewegung wie bei den Schleusen durch hydraulischen Druck erfolgt, und 2 Hochbrücken. Diese Brücken sind bei Grünenthal und Levensau angelegt und bilden für die Kanalbesucher den Hauptanziehungspunkt. Die Schleusenbauwerke sind zum großen Theil vom Wasser verdeckt, bei den Brücken kommt die Technik voll zur Geltung.

Der Einschnitt, den — wie vorhin erwähnt wurde — der Kanalgraben bei Grünenthal an der Wasserscheide der Eider und Elbe durch die Bodenerhebungen von etwa 30 Metern machen mußte, zerschnitt zugleich zwei wichtige bestehende Verkehrslinien, die Eisenbahn Neumünster-Haide und eine Chaussee. Diese Verkehrswege wurden nun mit einer gewaltigen Hochbrücke von 156 Metern Spannweite über den tiefeingeschnittenen Kanalgraben 42 Meter hoch über dem Wasserspiegel des Kanals hinübergeführt. Ganz ähnlich verhält es sich mit den zur Ueberführung der Kiel-Flensburger Eisenbahn und einer Chaussee gebauten Levensauer Brücke, nur daß deren Bogen eine noch größere Spannweite, 164 Meter, und deren ganzer Bau etwas massivere Dimensionen aufweist.

Ich stand lange vor dieser Brücke, ich stieg auch hinauf bis auf die Spitze eines der Thürme, die den gewaltigen Bogen flankiren, und schaute sinnend ins Land hinein. Die Landschaft war nicht unschön: grüne Hecken, die statt dürrer Zäune die Felder, Gärten und Wiesengründe abtheilen, und Windmühlen beleben das Bild. Auch sonst hat die Gegend, die der Kanal durchzieht, neben vielen äußerst öden und langweiligen Strecken manche für den unverwöhnten Geschmack nicht ganz reizlose Stellen aufzuweisen. Aber nicht Das war es, was mich in jene gehobene Stimmung versetzte, die außer der Naturerhabenheit nur ein großes Kunstwerk in uns hervorrufen kann. Dazu waren die landschaftlichen Reize zu gering. Es war etwas Anderes, über das ich mir selbst noch nicht Rechenschaft geben konnte. Erst als ich unten, im Grase gelagert, den gewaltigen Brückenbogen mit Muße betrachtete, kam ich zur vollen Klarheit über den Eindruck und die dadurch bewirkte Stimmung. Ich begann, die Brücke und mit ihr das ganze große Kanalwerk vom ästhetischen Gesichtspunkt aus zu betrachten, und sagte mir: Ist Das nur Technik oder ist es auch Kunst? Dürfen wir die Grenzen der Kunst so eng stecken, daß wir an einem Bauwerk immer nach den historisch überkommenen Formen, nach den Rosetten, Schnecken-, Muschel-, Krabbenformen suchen, um es als Kunstwerk einreihen zu können? Haben wir in unseren gewaltigen Rundbogen nicht einen neuen Stil, der unserem empirischen, auf dem Boden der Wirklichkeit sich haltenden Zeitalter eben so entspricht wie der gothische dem himmelanstrebenden Mittelalter? Ist das ganze Bauwerk des Nord-Ostseekanals — gipfelnd in seinen beiden Hochbrücken — nicht auch ein Kunstwerk? Wie soll ich es einreihen in die schulmäßige Aesthetik? Wie soll ich es benennen? Dome des Tiefbaues möchte ich solche Werke nennen, denen das Wesen des großen Kunstwerkes, die Durchdringung eines gewaltigen Stoffes mit einer großen, allgemein menschlichen Idee zu Grunde liegt wie anderen großen Kunstwerken! An der Durchdringung von Stoff hat es gewiß nicht gefehlt; und die allgemeine Idee? Sie liegt in der Beglückung des erwerbenden Volkes und in der Stärkung des wehrhaften Vaterlandes, sie läßt sich knapp und klar zusammenfassen in die Widmung: „Patriae et Populo".

Der Nord-Ostseekanal dient in erster Linie der Wehrkraft des Deutschen Reiches. Wenn man betrachtet, mit welcher Zähigkeit Rußland seit Jahrhunderten auf den Besitz einer Durchgangsstraße aus der Ostsee und aus dem Schwarzen Meere hinarbeitet, wenn man bedenkt, daß Frankreich sich mit dem Gedanken trägt, einen »Canal des deux mers« von Bordeaux nach Narbonne zu bauen, um eine Vereinigung seiner West- und Südküste und eine Umgehung der Kanonen von Gibraltar zu erreichen, dann wird man es zu schätzen wissen, daß deutsche Energie das entsprechende Problem für Deutschland nun gelöst hat. Deutschland hat jetzt seinen Canal des deux mers, seinen Bosporus. In dem Motivenbericht zu dem Gesetzentwurf über die Erbauung des Nord=Ostseekanals wird darauf hingewiesen, daß bisher stets die Gefahr einer Sperrung der Ostsee bei den dänischen Inseln durch eine feindliche Flotte und damit eine Trennung der deutschen Kriegsflotte vorhanden war und daß bisher schon ein Uebergewicht über die Hälfte der deutschen Seestreitkräfte auf Seiten der feindlichen Mächte genügte, um eine Ueberlegenheit der letzteren über den in dem einen der beiden Meere befindlichen Theil der deutschen Flotte herbeizuführen. Jetzt bietet der Nord=Ostseekanal der deutschen Flotte die Möglichkeit, sich außerhalb des Machtbereiches des Feindes zu vereinigen, ohne daß sie dabei die Durchfuhrstraße des unter Umständen auch feindlich gesinnten Dänemark zu benützen braucht. Der Feind muß also künftig der ganzen deutschen Flotte gewachsen sein und damit ist die Vertheidigung der deutschen Küste in viel höherem Maße gesichert als früher. Die wegen der Sperrung des Handels und der Waarenzufuhr auch für den Landkrieg hochwichtige Gefahr einer Blockade der deutschen Häfen ist um ebensoviel gemindert, als die Stärke der deutschen Flotte durch die jetzt mögliche Vereinigung erhöht ist. Die beiden Kriegshäfen Kiel und Wilhelmshafen sind jetzt durch eine ausschließlich deutsche Seeschifffahrts= linie, welche unter dem Schutze von Cuxhafen und Helgoland steht, mit einander verbunden. Die daraus entspringenden Vortheile sind jedermann einleuchtend und heute auch unbestritten In früheren Jahren war dies bekanntlich nicht der Fall und der Feldmarschall Graf Moltke hielt am 23. Juni 1873 dem Nord=Ostsee-Kanalprojekt eine Grabrede: „Man möge statt eines Kanals für die Flotte lieber eine zweite Flotte bauen." Dieser Rath war insofern berechtigt, als die Kosten für den Kanal in keinem Verhältniß zu der damaligen Größe der deutschen Flotte standen. Bei einer jährlichen Ausgabe von 28 Millionen Mark für die gesammten Marinezwecke mußte damals ein jährlicher Zins=, Betriebs= und Unterhaltungsaufwand von 11 Millionen Mark für den Marinekanal außerordentlich hoch erscheinen und diese 11 Millionen glaubte man auf das Konto der Marine setzen zu müssen, da man annahm, es würden von den Gesammtjahreskosten von 13 Millionen Mark nur 2 Millionen Mark durch die Gebühren der Handelsschifffahrt gedeckt werden können. Inzwischen ist mit der Flotte auch das Gesammtmarinekonto ganz erheblich größer geworden und zudem war die Bewilligung der Kosten für den gleichzeitig doch auch dem internationalen Verkehr dienenden Nord=Ostseekanal populärer als ein Postulat für eine zweite Flotte im Sinne Moltkes. Und noch ein Moment veränderte die Situation. Während man sich bei den Marineausgaben an die größeren Ziffern gewöhnt hatte, gewöhnte man sich bei der Marine selbst an kleinere Dimensionen. Man kam allmählich wieder von den großen Schlachtschiffen, die in der Ostsee keine rechte Heimstätte finden konnten, wieder ab. Durch ein Fortschreiten auf dem früher beschrittenen Wege wäre der Nord=Ostseekanal kaum zu der jetzigen Bedeutung einer die Kriegsflotte vereinigenden Verkehrs= straße gelangt. Diese Eigenschaft des Kanals hat sich übrigens auch bei der Anlage desselben wohl erkennbar geltend gemacht. Bei der Wahl des Einmündungsortes an der Elbe, von welchem sich eine von der Küste aus gedeckte tiefe Fahrwasserrinne bis Wilhelmshafen hinzieht, war jener Gesichtspunkt ebenso maßgebend wie bei der Wahl der Ostseemündung. Dem Handel hätte ein Kanal, der in Eckernförde statt in Kiel eingemündet wäre und wesentlich billiger gekommen wäre, falls nicht mehr Schleusen nothwendig gewesen wären, wohl ebenso gedient.

Alle Anlagen am ganzen Kanal mußten so ausgeführt sein, daß sie mit einer Sicherheit und Präzision funktionierten, wie sie nur im Kriegsfall, bei dem eben alles auf dem Spiele steht, verlangt werden kann. Deshalb wurde z. B. auch das ganze etwa 9 Millionen Mark kostende Holtenauer Schleusen= werk nothwendig, das nur an etwa 25 Tagen im Jahre in Betrieb kommen wird und bei einem Handelskanal sicherlich durch einfache Fluththore ersetzt worden wäre. Es wurde also ein Kanal geschaffen, welcher der deutschen Kriegsflotte — abgesehen von einigen Winterfrösten — jederzeit in völliger verlässiger Weise zur Verfügung steht.

Eine den höchsten Ansprüchen entsprechende technische Vollkommenheit war aber an dem Nord=Ostseekanal auch noch aus einem anderen Grunde nothwendig, deshalb nämlich, weil der Vortheil, den der Kanal gegenüber den gegebenen Verhältnissen bietet, ein verhältnißmäßig geringer ist, daher auf keinen Fall durch Unvollkommenheiten noch mehr vermindert werden durfte. Viele Schleusen z. B. hätten sicherlich den ganzen in Betracht kommenden Vortheil absorbirt.

Es sind aber auch die bestehenden zwei Schleusen nicht ganz belanglos; denn wenn auch die großen Panzerschiffe von 112 Meter Länge und 19½ Meter Breite und 8½ Meter Tiefe durch dieselben hindurchgeschleust werden können, so gilt das nicht auch für die größten Handelsschiffe, denen die Länge der Schleusen nicht genügt. Die Länge der großen Oceandampfer steigt bis zu 170 Meter, während die Schleuse ja nur 150 Meter aufweist. Diese müssen demnach nicht nur in Holtenau, wo die Schleuse ohnedies zumeist offen steht, sondern auch in Brunsbüttel die offenen Schleusen benützen. Andererseits werden manche der kleineren Schiffe den neuen Weg zur Eider nach Tönning, durch die neue Rendsburger Eiderschleuse nehmen können. Breite und Tiefe in den Schleusen und noch mehr im Kanal selbst genügen zwar den größten Schiffen, immerhin ist es bemerkenswerth, daß die neue Seeschifffahrtsschleuse am Kaiser= hafen bei Bremen nicht nur 200 Meter Länge, sondern auch 45 Meter Breite erhält. Es wäre vielleicht besser gewesen, auch den Nord=Ostseekanal in diesen Dimensionen zu bauen, da der — wie gesagt — verhältnißmäßig geringe Vortheil, der dem Handel geboten wird, technische Vollkommenheit eben in allen Dingen erheischt. Der Umweg der Seefahrt um die jütische Halbinsel gegen= über der Kanallinie beträgt nur 55 deutsche Meilen, der Umweg um Afrika, welche der Suezkanal beseitigte, beträgt 700 deutsche Meilen, der Umweg, welchen ein Panamakanal abschneiden würde, wäre auf 900 deutsche Meilen zu schätzen. So groß der Unterschied zwischen Jütland und Afrika oder Süd= amerika, ebenso groß ist der Unterschied zwischen den durch die entsprechenden Seekanäle erzielten allgemeinen Vortheile der Abkürzung.

Die von der strategischen Bedeutung zu trennenden allgemeinen Vortheile des Kanals sind humanitäre und wirthschaftliche; sie kommen, wie es sich deut= lich in dem zweiten Theile der Devise »patriae et populo« ausdrückt, dem Erwerbsleben des Volkes zu Gute. Und zwar handelt es sich nicht nur um ein Volk, sondern um ein Werk von internationaler Bedeutung, um ein Kulturwerk.

Ich habe mir meine Gedanken über diese Bedeutung des Kanals in dem richtigen milieu gemacht, als ich nämlich, von Kiel nach Hamburg zurückgekehrt, wieder einmal die übliche Rundfahrt durch den Hafen beendet hatte und nach Besichtigung des größten der gerade vor Anker liegenden Schiffe, der „Persia", hoch oben auf dem Deck derselben das Leben und Treiben auf dem Wasser und an den Krahnen des Petersen-Kai betrachtete. Neben mir sausten mit Dampfkraft die Körbe schnurrend herauf, die den amerikanischen Waizen und Mais aus dem Laderaum der „Persia" ans Licht der europäischen Sonne beförderten. Mit nervöser Hast wurden sie von den Arbeitern in den tief unten beigelegten Kahn über Bord ausgeschüttet, denn die Leute im Laderaum, die bis über die Kniee im Getreide standen und die Körbe vollschaufelten, arbeiteten rasch. Drüben an dem Kai wurde gerade an dem größten Dampfkrahnen des Hamburger Hafens eine gewaltige Dreschmaschine, ein deutsches Industrieerzeugniß, langsam aber sicher in den Laderaum eines Amerikafahrers hineingesenkt. Hunderterlei andere Waaren holten die zahlreichen kleineren Dampfkrahnen aus dem Schiffe hervor, oder beförderten sie von den Lagerräumen in die Schiffe hinab. Und wenn sie so aus dem Schiffe emporschnellten die Kisten, Fässer und Säcke und hoch oben am Krahnenarme wie triumphirend in der Luft schwebten, wenn alles bewegliche daran im Winde flatterte, da machte die ganze Procedur den Eindruck einer bedeutungsvollen Symbolik. Im Leben der Waaren bedeutet diese Krahnenhebung den Höhepunkt. Hier endet der langwierige Produktionsprozeß, zu dem auch der Transport gehört, hier wird die Bestimmung erreicht, hier beginnt der Konsum. Die Waare hat ihre eigene Philosophie; bewillkommt oder gescholten, mit Schutzzöllen empfangen oder mit Ausfuhrprämien ausgerüstet, sie will ihre Bestimmung erfüllen. Und diese Waarenphilosophie hat auch ihre Philosophen. Als ich mich ermüdet von dem vielen Schauen in einem Schaukelstuhl zurückgelehnt hatte, der auch dem verwöhntesten Globetrotter bequem erscheinen mußte, als ich die Augen schließend nur noch das Geräusch von all' dem Leben und Treiben hörte, ließ ich die großen Waarenphilosophen und ihre Lehren im Geiste an mir vorüberziehen. Ich sah Adam Smith mit der lockigen Perrücke nachdenkend über the Nature and Causes of the Wealth of Nations und ich sah Pitt Chatam wie er eben im englischen Parlament die Quintessenz aller Waarenphilosophie mit folgenden Worten aussprach: »Give freedom to trade, lighten the pressure of taxation, and you will have no complaining in your streets. Commerce is an interchange of equivalents; a nation, that will not buy, can not sell, and every restriction upon employement and import is an obstacle to export!«

Eine glatte Formel für die unebene Wirklichkeit! Eine Formel, mit der heute noch in den weitesten Kreisen die schwierigsten wirthschaftlichen Fragen erledigt werden, mit der auch die Frage der wirthschaftlichen Bedeutung des Nord-Ostseekanals am kürzesten und für die große Mehrzahl am mundgerechtesten gelöst ist. Er ist kein »obstacle to export«, kein »obstacle to import«, er fördert vielmehr den internationalen Verkehr, das genügt.

Gewiß, das genügt der alten abstrakten und kosmopolitischen Waarenphilosophie, welche aus England stammt, das infolge seiner Ueberlegenheit das größte Interesse an ihrer Ausbreitung hatte, sie genügt aber nicht der modernen von Deutschland ausgegangenen realistischen, die Waaren in Beziehung zu den Menschen, zu einzelnen konkreten Völkern und Staaten setzenden Nationalökonomie, sie darf auch durchaus nicht — wie man vielleicht meinen sollte — dem „zukunftsfreundlichen", in gewissen Forderungen entschieden fortschrittlichen Verkehrspolitiker genügen, wenn anders derselbe mehr als ein kritikloser Interessenanwalt sein will.

Und doch kann man im Hinblick auf die äußerst dürftige wirthschaftliche Litteratur über den Nord-Ostseekanal bezw. über das Projekt desselben sich der Meinung nicht erwehren, daß diese Seite des großen Werkes bisher lediglich mit der Formel erledigt ist.

Die Ansichten über die wirthschaftliche Bedeutung des Nord-Ostseekanals im Einzelnen sind noch völlig ungeklärt und gehen weit auseinander, da man sich auf Gutachten von Autoritäten nicht stützen kann. Bei allem Respekt vor den preußischen Technikern möchte ich doch behaupten, daß es nicht richtig ist, die wirthschaftliche Seite eines Kanalprojektes den Technikern zu überlassen. Der Techniker hat bei solchen Projekten die Rolle des Steuermannes, der Nationalökonom die Rolle des die Richtung angebenden Kapitäns zu übernehmen. Wenn ein Techniker die wirthschaftlichen Berechnungen für einen Kanalbau macht, so kommt mir das gerade so vor, wie wenn die Professoren der Nationalökonomie in Berlin, Schmoller, Meitzen, Wagner, sich mit dem Bau der holtenauer Schleuse und der grünenthaler Brücke beschäftigen sollten. Sie würden sicher sagen: „Davon verstehen wir nichts." Aber die Technik kann ja heutzutage Alles, folglich auch der Techniker. Es scheint übrigens neuerdings hierin eine Aenderung insofern angebahnt zu werden, als Minister Thielen eine genaue wirthschaftliche Detailprojektierung des Mittellandkanalprojektes durch Verwaltungsbeamte und Fachschriftsteller vorzunehmen beabsichtigt. Beim Nord-Ostseekanal aber drängen sich uns viele Fragen auf: wie groß wird der Frachtvortheil sein, der dem Verkehr in den einzelnen Relationen durch den Kanal zu Gute kommt; wie groß die Gefahrenverminderung und die Verminderung der Versicherungsprämie; wie groß ist der bestehende Verkehr im Allgemeinen und in seinen einzelnen Richtungen; welche Massen sind auf Grundlage jener Vortheile bestimmt zu erwarten; welche Gebühr kann der Verkehr ertragen, wie läßt sich die Verzinsung und Amortisation des Anlagekapitals und die Aufbringung der Betriebs- und Unterhaltungskosten erzielen und bis zu welcher Höhe; welches sind die Vortheile, die den deutschen Nord- und Ostseestädten zufließen werden; welcher Art werden die Nachtheile sein; welche Bevölkerungskreise kommen in Betracht; wie sind die einzelnen auswärtigen Staaten an dem Werke interessirt und wie endlich wirkt der neue Seekanal auf das deutsche Binnenland? So viele Fragen, so viele Gegenstände für verkehrspolitische Monographien, — und so viele Lücken in unserem national-ökonomischen Wissen über den neuen großen Nord-Ostseekanal[5]).

Da es nicht Aufgabe dieses zusammenfassenden, gemeinverständlichen Aufsatzes ist, diese Lücken oder auch nur eine davon durch wissenschaftliche Untersuchungen an der Hand von gesammelten Materialien auszufüllen, theile ich das Wenige mit, was sich über die wirthschaftliche Bedeutung des Nord Ostseekanals und über die einzelnen, eben aufgeworfenen Fragen zur Zeit sagen läßt.

Daß der Nord-Ostseekanal gegenüber Jütland für die westeuropäischen Häfen, mit Ausnahme einiger schottischen, eine Abkürzung bedeutet, kann jedes Kind ohne Kenntniß der Kilometerzahl durch einen Blick auf die Landkarte erkennen. Die Frage ist nur, ob der Gewinn, der durch diese Abkürzung erzielt wird, so groß ist, daß für den kalkulirenden Geschäftsmann die Fahrt durch den mit Gebühren belasteten Kanal sich bezahlt macht. Der ganze Kanalverkehr, so weit er Handels- und nicht Kriegsmarineverkehr ist, hängt nicht davon ab, wie oft sich die vom Oberbaurath Bänsch für einen Dampfer von 620 Tonnen auf 0,058 Mark bewerthete Zeitminute durch die Zeitersparniß

— man berechnet für einen Dampfer einen Tag, für einen Segler drei bis fünf Tage Zeitersparniß — multiplizirt, sondern davon, in welchem Maße das Deutsche Reich auf die Verzinsung des im Kanal steckenden Anlagekapitals verzichtet, und zweitens davon, wie die Versicherungsanstalten das Verhältniß der Gefahren bei der Fahrt um Skagen gegen die Fahrt durch den Kanal und besonders durch die daran anschließende Elbemündung einschätzen werden. Wie die erste Frage gelöst wird, darüber weiß man noch nichts Sicheres. Es ist bis jetzt ein Tarif von 75 Pfennigen pro Tonne in Aussicht genommen worden, womit zugleich alle für die Schifffahrt durch den Kanal nothwendigen Verrichtungen, Lootsendienste (nicht auch in der Elbe!), Dampf-Schlepptraft für Segler, Beleuchtung, Schleusenbedienung 2c. gedeckt sein sollen. Der Gebührentarif wird gewöhnlich mit Rücksicht auf das Anlagekapital bestimmt. Dieses hat unter Abzug der durch den Bau erzielten Einnahmen 156 Millionen Mark betragen, demnach den Voranschlag nicht überschritten. Mit den achtjährigen Bauzinsen erhält man 178 Millionen Mark. Zum Vergleich diene, daß der Suezkanal, bei dem ähnliche Terrainverhältnisse, aber eine größere Länge in Betracht kamen, 400 Millionen Mark kostete und daß die Kosten des Panamakanals, der nur drei Viertel so lang wie der Nord-Ostseekanal, aber zwei deutsche Meilen weit durch ein Felsengebirge von 95 Meter Ansteigung zu führen wäre, auf 1500 Millionen Mark veranschlagt wurden.

Es ist bekannt, daß der Suezkanal sich gut rentirt und dessen Gebühren, ohne daß die Schiffe ausblieben, noch viel höher bemessen werden könnten, wenn man rein kaufmännisch rechnete und nicht politisch beeinflußt wäre. Für den Nord-Ostseekanal würden 75 Pfennige für die Tonne schon eine im Vergleich zu den Vortheilen sehr hohe Gebühr bedeuten, da es meines Erachtens zweifelhaft ist, ob sie den zur Aufbringung der Jahreskosten von 5 460 000 Mark (3½ Prozent Zins von 156 Millionen Mark) und 1,9 Millionen Mark Unterhaltungskosten, also von zusammen rund 7 Millionen Mark nothwendigen Verkehr von 8,3 Millionen Tonnen heranzuziehen vermag*). Wenn man freilich so rechnet, daß 101 Million Mark durch Steuern und nur 55 Millionen Mark durch eine Anleihe aufgebracht worden sind, die nur 1 830 000 Mark zur Verzinsung fordert, während das aus Steuern aufgebrachte Kapital keine Verzinsung braucht, dann wird man glattere Rechnung bekommen. Das Gegenstück bildet eine andere Rechnung, die nicht blos 156 Millionen Mark, sondern unter Zurechnung der Bauzinsen 178 Millionen Mark zu Grunde legt, 3½% Zins und ½% Amortisation verlangt, 2 Millionen Mark jährlich für die Instandhaltung der Fahrwasserrinnen Brunsbüttel-Wilhelmshafen und 2 Millionen Mark Betriebs- und Unterhaltungskosten rechnet und auf 11 Millionen Mark Jahreskosten kommt. Dieser Summe werden bei 75 Pfennig Tonnengebühr nur 4 Millionen Mark Einnahme gegenübergestellt, welche von den zu erwartenden 10 000 Dampfschiffen eingebracht würden, während bei dem Rest des Verkehrs bei der Segelschifffahrt, die 75 Pfennig Tonnengebühr durch die Selbstkosten für die zu leistenden Verrichtungen, Lootsen, Schleppen der Schiffe mit Remorqueurs 2c. vollständig absorbirt werde. Bei dieser Rechnung verbleibt dann die Summe von 7 Millionen Mark, welche Deutschland alljährlich durch

---

*) Diese Ausführungen über die Unhaltbarkeit einer so hohen Gebühr sind inzwischen durch den neueren Kanaltarif, sowie auch durch die Polemik gegen diesen, der als immer noch zu hoch bezeichnet wird, bestätigt worden.

den Kanal für seine Marinetüchtigkeit und für den internationalen Verkehr verausgabt. Der richtige Standpunkt wird wohl der sein, daß man wenigstens einen Theil des Kapitals mit der Widmung »patriae et populo« versieht und dazu vor Allem die Mehrkosten rechnet, die bei der Kanalanlage dadurch erwachsen sind, daß sie nicht nur dem Handel, sondern in erster Reihe der Kriegsmarine dienen soll. Allein die Tracirung nach Kiel statt nach Eckernförde soll nach sachverständigem Urtheil schon 60 Millionen Mark Mehrkosten verursacht haben und auch die Westmündung wäre vielleicht bei alleinigen Handelszwecken in einem der jütischen Wattströme statt in der Elbemündung gesucht worden. Die Gefahren der Segelschiffe an der Eidermündung betragen z. B. nur $^1/_5$ von denen der Elbemündung. Auch andere Gesichtspunkte erheischen noch die Reduzirung des zur Verzinsung und Amortisation heranzuziehenden Theiles des Anlagekapitals. So hat z. B. Preußen, das als größter, schutzbedürftigster und weitaus am Meisten an dem Kanal interessirter deutscher Seestaat 50 Mill. Mark zu den Kosten des Kanals hergab — der übrige Theil der Summe wurde bekanntlich vom Reiche getragen —, bei der Motivirung dieses Vorgehens auch darauf hingewiesen, daß ohne den Nord=Ostseekanal doch auch eine ziemlich kostspielige Reform der Eider= und Eiderkanalwasserstraße nothwendig gewesen wäre. So wäre also nur ein bestimmter Theil des Anlagekapitals als verzinslich und amortisirbar zu fixiren und dann erst die kaufmännische Verwaltung dieses Kapitals und die Gebührenfestsetzung zu beginnen. Ob dann noch die Tonnengebühr von 75 Pfennigen aufrecht erhalten werden kann, Das bezweifle ich").

Auf diesen Tarif hin berechnete ein Praktiker, daß die Ersparniß von 1 Tag Zeit für einen 2000 Tonnen Dampfer nur 660 Mark, die Kanalgebühr aber bei 75 Pfennig pro Tonne 1500 Mark betrage, daß der Dampfer also nicht durch den Kanal, sondern um Skagen fahren werde. Wie weit das richtig ist, weiß man wieder nicht, „die Ansichten der an der Schifffahrt beteiligten Kreise gehen hierüber auseinander". Dagegen hat Laves in ziemlich überzeugender Weise nachgewiesen, daß der Vortheil des Kanals für die Dampfschifffahrt viel größer sein werde als für die Segelschifffahrt, trotz der viel größeren Zeitersparniß der Letzteren. Laves geht wohl etwas zu weit, wenn er auf Grund seines statistischen Materials annimmt, die Segelschiffe hätten nicht nur keine Vortheile durch den Kanal, sondern was die Gefahr anlangt, einen erheblichen Nachtheil und es würden deshalb höchstens diejenigen Segelschiffe den Kanal aufsuchen, bei deren Route der Umweg um Skagen ganz besonders stark ins Gewicht fällt, wobei aber natürlich auch die Höhe der Kanalgebühren den Ausschlag gibt. Soviel wird aber richtig sein, daß die Elbemündung für Segelschiffe nicht viel weniger gefährlich als die Fahrt um Skagen ist und thatsächlich sind ja auch die Lootsengebühren in der Elbe sehr hoch. Dagegen ist der Gefahrenunterschied für Dampfer ein ganz wesentlicher. Bei einem Verkehr von 10 000 Dampfern im Kanal berechnet Laves die Verhütung von 5—6 jährlichen Dampferverlusten durch den neuen Nord=Ostsee=Kanal, indem statt 14—15 jährlich nur noch 9 Dampfer im Nord=Ostseeverkehr durchschnittlich zu Grunde gehen werden, was bei einem Kostenanschlag von 303,000 Mark für den Dampfer einen Gewinn von $1^2/_3$ Mill. Mark bedeutet. Daß von den etwa 80 Seeleuten dieser vor dem Untergang geretteten Dampfer ein großer Prozentsatz ums Leben gekommen wäre, läßt die humanitäre Bedeutung des Kanals erkennen.

Es läßt sich erwarten, daß dementsprechend für die Dampfer auch eine erhebliche Verminderung der Versicherungskosten in die Waagschale zu legen ist. Mit dem Satze, daß die wirthschaftliche Bedeutung des Nord-Ostseekanals für Dampfschiffe eine wesentlich größere sein wird als für Segelschiffe, hätte ich — da ich den Gebührentarifsatz von 75 Pfennig als nicht haltbar betrachte und deshalb auch keine Berechnungen darauf aufbauen will — das feststehende Wissen über die wirthschaftliche Bedeutung des Nord-Ostseekanals so ziemlich erschöpft.

Zum Glück ist jener Satz von hoher Wichtigkeit für den Nord-Ostseekanal, wie uns eine Betrachtung des Nord-Ostseeverkehrs lehrt. Aus dieser ergibt sich nämlich die zunehmende Bedeutung der Dampfschiffe im Nord-Ostseeverkehr und es ergibt sich ferner die große Massenhaftigkeit des Letzteren — zwei für die Prosperität des Nord-Ostseekanals sehr tröstliche Momente.

Auch nur einigermaßen exakte Berechnungen über den für den Nord-Ostseekanal in Betracht kommenden Antheil des gesammten Nord-Ostseeverkehrs sind nicht vorhanden. Die Motive des Gesetzentwurfes berechneten nach einer heute natürlich veralteten Statistik der siebenziger Jahre einen gesammten Nord-Ostseeverkehr von rund 12 Millionen Tonnen jährlich, erklärten hiervon kategorisch 45 Prozent als „kanalpflichtig", weil für diese Masse der Weg um Skagen weiter sei, schieden nochmals einen gewissen Prozentsatz aus und kamen so auf 5½ Millionen Tonnen künftigen Kanalverkehrs. Das war eine sehr glatte Rechnung! Selbstverständlich hatte Sartori eben so Recht, als er für 1895 auf Grund des inzwischen von 12 auf 18 Millionen gestiegenen resp. berechneten Nord-Ostseeverkehrs den Kanalverkehr auf 11,7 Mill. Tonnen steigen ließ.

Wie der Verkehr sich gestalten wird, das hängt in erster Reihe natürlich von dem Kanaltarif und von der Gestaltung der Versicherungsprämie ab. Wenn wir auch nichts wissen, so dürfen wir doch das Beste hoffen, vor Allem wegen der Massenhaftigkeit des Nord-Ostseeverkehrs. Hierdurch wird dem Kanal, der sonst in wirthschaftlicher und kultureller Beziehung wegen des verhältnißmäßig kleinen Vortheiles, den er verschafft, sich mit dem Suezkanal nicht im Entferntesten messen könnte, eine wesentlich erhöhte Bedeutung zu Theil. Die Schiffe, die zur Zeit der Eröffnung des Suezkanals um Afrika herum fuhren, hatten nicht die Hälfte des Raumgehaltes, den die Schiffe des Nord-Ostseeverkehrs heute zusammen besitzen. Nach sechzehnjährigem Bestehen (1885) erst hatte der Suezkanal einen Verkehr (6½ Millionen Tonnen), wie man ihn jetzt schon für den Nord-Ostseekanal berechnen zu dürfen glaubt; erst 1891 stieg der Suezkanalverkehr auf ca. 12 Millionen Tonnen, also auf einen Verkehr, der erst dem durchschnittlichen Nord-Ostseeverkehr der siebenziger Jahre entspricht. Auch der Panamakanal kann nicht im Entferntesten auf die Massenhaftigkeit des Verkehrs rechnen, die bei unserem Kanal in Betracht kommt. Denn auf mehr als 2 Millionen Tonnen glauben kühle Beurtheiler des Panamakanalprojektes für den Anfangsverkehr nicht rechnen zu dürfen. Der Grund für diese Massenhaftigkeit des Nord-Ostseeverkehrs ist darin zu suchen, daß es sich hier um die Verbindung alter Kulturländer unter einander handelt, dann auch wieder um die nächste Verbindung hoch entwickelter Kulturgebiete mit solchen Ländern, die überwiegend Rohprodukte erzeugen und bereits der Peripherie des Weltmarktes angehören. In dieser Beziehung wird außerdem, je weiter die russische Kultur nach Nordosten vordringt, das Hinterland der Ostsee sich noch sehr erweitern können, da das Eismeer doch nicht in Betracht kommt.

Nicht in dem selben Maße wie die Ostseeländer stehen die deutschen Ostseestädte im Verhältniß zum Nord=Ostseeverkehr. Die deutsche Ostseeschifffahrt geht vielmehr zurück oder stagnirt wenigstens und die Ostseegebiete werden in entsprechend erhöhtem Maße Hinterland der Nordseestädte und anderer westlichen Städte. Das Gegentheil steht freilich in den Schriften über den Nord=Ostseekanal, die auf Grund einiger Ziffern beharrlich auch von der stets wachsenden Bedeutung der deutschen Ostseeschifffahrt sprechen. Fitger[7], der den ganzen Zeitraum von 1858 bis 1890 bei seinem Vergleich der Entwickelung der deutschen Nordsee= und der deutschen Ostseeschifffahrt ins Auge faßt, erzählt uns die „Leidensgeschichte" der deutschen Ostseeschifffahrt. Während Hamburg, dem Zuge der Zeit folgend, in fünf Jahren seine Dampferflotte verdoppelt und die alten hölzernen Segelschiffe durch eiserne ersetzt, während auch Bremen in ähnlicher Weise fortschreitet, ist die deutsche Ostsee-Segelflotte von 2006 Schiffen mit 439 000 Tonnen im Jahre 1870 auf 863 Schiffe mit 186 000 Tonnen im Jahre 1890 zurückgegangen.

Gleichzeitig entwickelte sich die deutsche Nordsee-Segelflotte von 2366 Schiffen mit 461 000 Tonnen (1870) auf 1894 Schiffe mit 523 000 Tonnen (1890). Die Dampferflotte der deutschen Ostseehäfen stieg von 76 Schiffen mit 10 734 Tonnen (1870) auf 378 Schiffe mit 149 130 Tonnen (1890), die der Nordseehäfen dagegen von 71 Schiffen mit 71 260 Tonnen 1870 auf 518 Schiffe mit 574 522 Tonnen (1890). Die Segelschiffsflotte der deutschen Ostseehäfen hat nicht einmal die Durchschnittsgröße vom Jahre 1871, nämlich 219 Tonnen, behaupten können; sie ist auf 216 Tonnen gesunken, während das Segelschiff der Nordsee im selben Zeitraum von durchschnittlich 195 Tonnen auf durchschnittlich 276 Tonnen gewachsen ist. Namentlich in den letzten zwölf Jahren ist der Rückgang der deutschen Ostseeflotte ein ganz betrübender gewesen und heute sind wir so weit, daß die eine Stadt Bremen eine größere Flotte besitzt als sämmtliche deutschen Ostseestädte zusammen! Aus den obigen Ziffern ergibt sich zugleich, daß der Antheil der Dampfschiffe an der deutschen Handelsflotte in außerordentlichem Maße in Steigung begriffen ist. Das gilt auch von dem Nord=Ostseeverkehr im allgemeinen und ist eine weitere wichtige Chance für die Prosperität des neuen Nord=Ostseekanals. Im gesammten Sundverkehr ist bei einem gleichzeitigen erheblichen Rückgang der Segelschifffahrt die Zahl der Dampfschiffe von 7000 im Jahre 1875 auf 16 488 im Jahre 1889 gestiegen. Und gerade für die Dampfschifffahrt bietet, wie ich gezeigt habe, der neue Nord=Ostseekanal beträchtliche Vortheile. Wenn selbst der Suezkanal, der doch einen so großen Umweg abschneidet, von den den weiten, offenen Ocean und niemals die Küstenfahrt liebenden Segelschiffen vollständig gemieden wird, so werden wohl auch beim Nord=Ostseekanal die meisten Segler künftig nicht in die Elbe einfahren und sich durch den Kanal schleppen lassen, sondern auch weiterhin um Skagen fahren. Und da ist es nun für den zu erwartenden Verkehr von größter Bedeutung, daß die Nord-Ostseeflotte immer mehr zur Dampferflotte wird, eine Entwickelung, die nicht nur den Kanal fördert, sondern auch von diesem selbst wieder gefördert werden wird. In dem Maße erst, wie die deutschen Ostseestädte das Bestreben und die Kraft haben werden, Versäumtes nachzuholen, werden sie später auch einmal befähigt werden, an den Vortheilen des neuen Kanals theilzunehmen.

Ein neuer Verkehrsweg ist ein zweischneidiges Instrument, das läßt sich bei aller Fortschrittsfreudigkeit nicht leugnen. Im Allgemeinen wird man sagen dürfen, daß eine Erleichterung des Verkehrs zwischen zwei Gebieten den stärkeren Theil, in unserem Falle also die Nordsee, noch mehr stärkt, den schwächeren, hier also die deutschen Ostseestädte, in ihren schwachen Seiten noch mehr schwächt. Aber auch nur in diesen, während auf der anderen Seite ein Ansporn gegeben wird, unentwickelte Vorzüge hervortreten zu lassen und Versäumtes nachzuholen. Die Eiderlinie ist für die deutschen Meere eine ähnliche Linie, wie es die Mainlinie für das deutsche Binnenland war. Nachdem die Zollschranken zwischen Norddeutschland und Süddeutschland gefallen waren, hat die süddeutsche Volkswirthschaft in vielen Punkten Schaden gelitten, aber ein Ausgleich hat sich doch vollzogen dadurch, daß eben nicht blos die Schwächen, sondern auch die Vorzugsbedingungen gesteigert wurden, und heute wird kein Mensch mehr die Zeit vor der Ueberwindung der Mainlinie in wirthschaftlicher Beziehung — ganz abgesehen von der politischen Seite — zurückwünschen. Für die deutschen Ostseestädte ist Hamburg-Bremen das überlegene Verkehrszentrum. Hamburg hat schon jetzt einen beträchtlichen Verkehr nach den Ostseeländern, theils um Skagen, theils per Bahn nach Lübeck und Kiel, wo der Umschlag erfolgt. Dieser Verkehr Hamburgs wird durch den Nord-Ostseekanal wohl noch steigen, vorausgesetzt, daß sich nicht an der Elbemündung des Kanals ein neues Port Said entwickelt, das den Schiffen den 150 Kilometer betragenden Umweg nach Hamburg erspart und die Spedition der nach Hamburg und anderen Orten bestimmten Güter, sowie die Beiladung der von diesem Hinterlande herkommenden Waaren in die Nord-Ostseekanalschiffe betreibt.

Eine ähnliche Rolle wird wohl auch Kiel an der Ostseemündung des Kanals übernehmen; in beiden Fällen sind aber Einrichtungen für Handelshäfen an den Kanalmündungen nothwendig, die heute zum Theil noch fehlen. Die übrigen deutschen Ostseehäfen werden, wenn sie in Folge des Kanals nicht noch in erhöhtem Maße Hinterland des hamburger Handels werden wollen, sehr energisch thätig sein müssen, vor Allem für die Regeneration ihrer Flotte, dann für die Erlangung der Freihafeneigenschaft, die Hamburg einen so großen Vorsprung giebt, und für weitere Aufschließung ihres Hinterlandes durch den Ausbau der bei ihnen einmündenden binnenländischen Wasserstraßen. Lübeck schafft sich bereits eine neue Elbemündung durch den Elbe-Travekanal, Rostock strebt eine Wasserverbindung mit Berlin an, Danzig, Stettin, Königsberg können durch Ausbau der Wasserstraßen ihres Hinterlandes bis tief nach Mitteldeutschland, Oesterreich und Rußland hinein noch eben so gewinnen wie Hamburg durch seine Lage an der Elbeausmündung. Der Osten hat nach dieser Richtung um so rühriger zu sein, als die Nordseehäfen in ihren Bestrebungen um Verbindung mit den Binnenwasserstraßen äußerst thätig sind und durch den Bau des Dortmund-Emskanals, der nach der Genehmigung des Dortmund-Rheinkanals eine wichtige Rhein-Nord-Ostseeroute darstellen wird, einen beträchtlichen Vorsprung haben.

Eine erschöpfende Untersuchung der wirthschaftlichen Bedeutung des Nord-Ostseekanals hatte natürlich auch den Einfluß der Frachtverringerung auf die Industrie und die Land- und Forstwirthschaft der betheiligten Gebiete darzustellen, desgleichen den Einfluß auf die Rente der Eisenbahnen, welche bisher wegen des Umwegs der Seeschifffahrt den Küstenverkehr der Nord- und Ostsee hauptsächlich vermitteln.

Und dann hätten wir immer nur die Bedeutung des Nord-Ostseekanals für Deutschland erschöpft.

Viel größer noch als für Deutschland selbst ist die Bedeutung des neuen Kanals für das Ausland. Graf Moltke hatte nicht so ganz Unrecht, als er behauptete: „Wir bauen diesen Kanal vor Allem für Schweden, Rußland, Amerika, Frankreich u. s. w." Denn von allen den Nord-Ostseekanal künftig durchfahrenden Schiffen wird voraussichtlich kaum ein Viertel die deutsche Flagge tragen, ja, sie wird nicht einmal die am Meisten vertretene sein, denn die englische und skandinavische wird der Zahl nach voranstehen. Freilich, die deutsche Flotte wird den größten Vortheil haben, weil für sie die Wegabkürzung vermöge der Lage der deutschen Ostseehäfen zu den Nordseehäfen die bedeutendste ist. Bisher war der Seeweg von der deutschen Ostseeküste nach dem nördlichen England näher als nach Hamburg und Bremen. Es wird also auch nach dieser Richtung künftig ein gesteigerter Konkurrenzkampf im Ostseeverkehr stattfinden. In noch bessere Situation kommen die deutschen Häfen gegenüber Kopenhagen. Kopenhagen, das durch die Selbstständigmachung Skandinaviens schon einen großen Theil seines handelspolitischen Hinterlandes verloren hatte, wird nun durch einen ähnlichen Prozeß in den deutschen Ostseestädten bedroht. Künftig ist der Kanal Lamanche von Danzig und Stettin eben so weit oder nicht einmal so weit als von Kopenhagen entfernt. Kopenhagen trägt der Situation insoferne Rechnung, als es mit einem Aufwande von 20 Millionen Mark seine Hafenanlagen verbessert und geht dabei von der richtigen Ansicht aus, daß es auf die Rührigkeit der Bewohner ebenso ankommt, als auf die Lage der Stadt.

Von diesen Verschiebungen abgesehen, ist es aber doch eine sehr bemerkenswerthe Thatsache, daß der neue Nord-Ostseekanal dem internationalen Verkehr im höchsten Maße dient. Daß der Kanal jemals in die Lage kommt, der deutschen Flotte den Sieg zu erleichtern, ist wohl möglich, aber bei der gegenwärtigen politischen Konstellation in Europa doch sicherlich nicht als ein in naher Zukunft realisirbarer Vortheil zu bezeichnen. Daß aber das Deutsche Reich — voraussichtlich ohne Rentabilität, also mit alljährlichen Zinsverlusten — ein großes Werk für den internationalen Verkehr hergestellt hat, das ist der nicht nur mögliche, sondern sichere und sofort sich geltend machende Vortheil. Die europäischen Kulturstaaten haben somit allen Grund, zur Eröffnungsfeier des Kanals ihre Aufwartung zu machen. Nur Dänemark kann mit einiger Berechtigung sagen, daß es „der Noth gehorche, nicht dem eignen Triebe".

Bei diesem Feste wird die Begeisterung einen hohen Pegelstand erreichen; je höher sie aber fluthet, um so wahrscheinlicher ist später Niederwasser zu erwarten. Ich habe mich im Vorstehenden auf Normaltiefe beschränkt und man wird zugeben, daß auch dann noch genug Gründe vorliegen, um den Nord-Ostseekanal als ein großes, uns mit Hoffnungen erfüllendes Werk zu preisen.

Und diese Begeisterung hat auch an sich etwas gutes. Unser großer Nationalökonom Friedrich List sprach sich einmal recht schön über die stärkende Kraft des Meeres aus, „wo die Nationen ihr Auge gewöhnen, in weite Fernen zu sehen, und sich jenen Philisterunrath abwaschen, der allem Nationalaufschwunge so hinderlich ist. Das Salzwasser vertreibt ihnen die Titellust, die Blähungen der Stubenphilosophie, die Krätze der Sentimentalität, die Verstopfungen der Pedanterie. Seefahrende Leute lachen über das Hunger- und Sparsystem am Boden kriechender Nationalökonomen, wohl wissend, daß die

See an guten Dingen unerschöpflich ist und daß man nur Muth und Kraft haben dürfe, sie zu holen."

Ist es nicht als ob in diesen Tagen nach List'schem Rezept eine Woge reinigenden und das Nationalbewußtsein stärkenden Seewassers über Deutschland sich ergösse? Und das wäre nach der erörterten strategischen, ästhetischen und wirthschaftlichen die moralische oder nationale Wirkung des Nord=Ostsee= kanals, die dem deutschen Volke zwar nicht mehr so nothwendig ist wie vor Jahrzehnten, aber in richtigen Dosen genommen immer noch nicht schaden kann. Denn der Nationalstolz ist etwas ganz anderes, edleres, höheres und würdigeres als der Chauvinismus. Kein Volk der Welt hat einen kräftiger entwickelten Nationalstolz als das englische, das sicher nicht chauvinistisch ist — so wenig als das deutsche.

Das deutsche Volk, das ist vor allem der erwerbende Mann mit seiner Familie, der Bauer, Handwerker, Kaufmann, Fabrikant und Arbeiter — ist in seiner weit überwiegenden Majorität durchaus friedliebend gesinnt. Ihm ist — so sehr es im Augenblick der That seinen Mann stellt —, oder vielleicht gerade deshalb nichts zuwiderer als politisches Säbelgerassel und es wünscht sicherlich nichts sehnlicher, als daß auch der Nord=Ostseekanal niemals zu anderen als Zwecken des Friedens benützt werden möge und damit am Besten seine Bestimmung erfülle, zu dienen „dem Vaterlande und den Völkern."

III.
Deutsch-österreichische Verkehrsprojekte.

(Nach einem Vortrag, gehalten in der Sitzung des Zentralvereins für Hebung der deutschen Fluß- und Kanalschifffahrt in Berlin vom 26. April 1895.)

Sehr geehrte Herren! Gegenstand meiner Darlegungen sind die drei großen deutsch-österreichischen Kanalprojekte, welche auf eine moderne Verbindung des Maines, der Elbe und der Oder mit der Donau gerichtet sind. Man könnte sie mit dem Rhein-Weser-Elbkanale zusammen die mittelläubischen Kanalprojekte nennen.

Den letzteren, den eigentlichen Mittellandkanal, der sachlich unbedingt auch in den Kreis dieser Betrachtung gehören würde, habe ich lediglich aus dem Grunde ausgeschieden, weil ich glaube, daß sie mit diesem Stoffe schon mehr gesättigt sind.

Eine Erörterung über Kanäle im Allgemeinen glaube ich nicht vorausschicken zu müssen, sondern ich gehe von der glücklicher Weise sehr allgemein verbreiteten Ansicht aus, daß Binnenwasserstraßen, natürliche und künstliche, auch im Zeitalter der Eisenbahnen noch zu pflegen und zu fördern sind, und daß es im Uebrigen auf die Prüfung der konkreten Projekte ankommt.

Für drei solche Projekte die bisherigen Studienergebnisse übersichtlich zusammenzustellen, Materialien zu liefern, auf welchen weiter gebaut werden kann, und aus welchen gegebenen Falls auch der Theoretiker jene abstrakteren allgemeinen, aber doch auf Thatsachen begründeten Sätze ableiten kann, an denen es noch sehr fehlt, das ist der Zweck meiner Ausführungen.

Man mag die prinzipielle Ansicht, von der ich ausgehe, ein Vorurtheil nennen und die Ansicht haben, die Wasserstraßen seien durch die Eisenbahnen überholt, dann huldigt man eben in meinen Augen einem Vorurtheil.

Bei dem Stande unseres allgemeinen Wissens vom Verkehrswesen ist es sachförderlicher, am konkreten Material Studien zu machen, statt mit Prinzipien hinüber und herüber zu schießen. Dabei kommt nichts heraus. Die meisten allgemeinen Fragen im Verkehrswesen sind in ihrer Allgemeinheit noch nicht so entschieden, daß es sich um mehr als eine Meinung handelt und werden auch sobald nicht zur Evidenz geklärt sein.

Neuerdings erst hat Freiherr v. Weichs-Glon in einer interessanten Schrift[1]) wieder eine ganze Anzahl von neuen Fragezeichen gemacht. Man soll deshalb auch die Meinung der Wasserstraßenfreunde respektiren und dieselben nicht als grundsatzlose Agitatoren verdächtigen. Die prinzipiellen Gegner der Wasserstraßenfreunde aber haben, wie das öfters bei jenen der Fall ist,

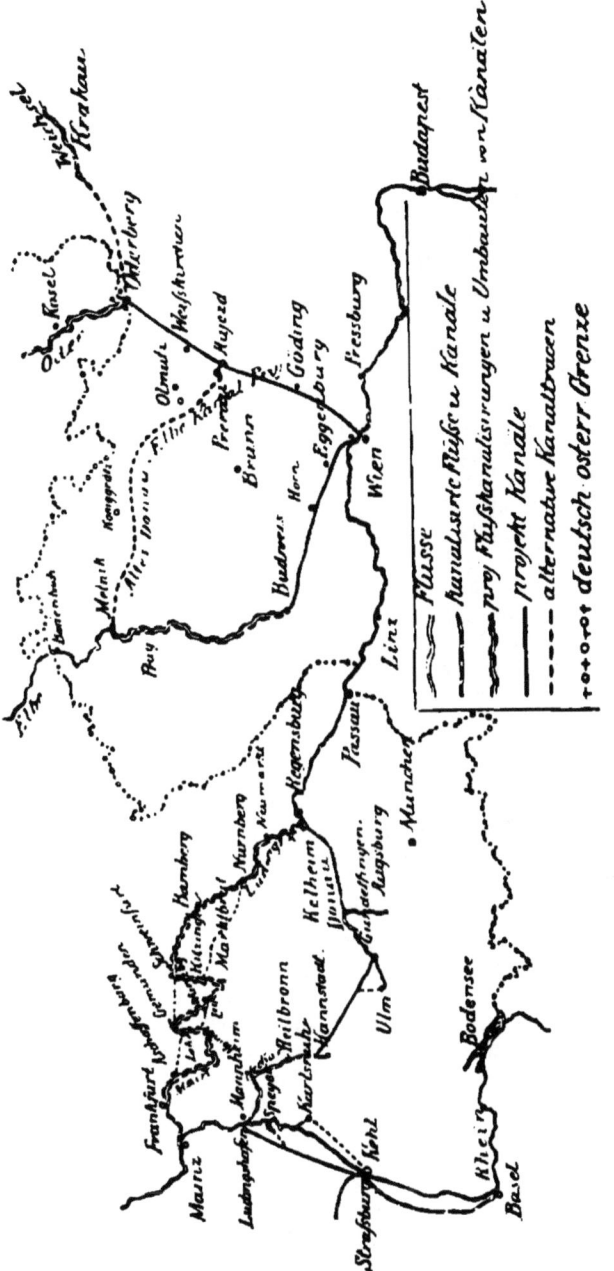

die sich einer lebhaften neuen Bewegung mit kühler Kritik gegenüberstellen, den Schein größerer Wissenschaftlichkeit voraus. Sie haben gewöhnlich Studien an dem veralteten französischen oder englischen Wasserstraßensystem gemacht und dann abgeschlossen. Die neuere Entwickelung der Binnenschiffahrtstechnik kennen sie meistens nicht und blicken oft mit Verachtung auf die Wasserstraßenagitatoren. Das ist eben die Schattenseite jener Richtung, welche ausschließlich im historischen Stoff stecken bleibt.

Mit jener skeptischen, überlegenen Kritik, welche wir schon bei den Anhängern der romantischen Schule in der Nationalökonomie gegenüber dem damals aufkommenden Eisenbahnwesen kennen lernten*), nehmen sie einzelne Schwächen der ganzen Bewegung heraus und stellen dieselben blos. Inzwischen geht die thatsächliche Entwickelung ihren Gang. In ganz Europa schreitet der Ausbau der natürlichen und künstlichen Wasserstraßen langsam, aber stetig vorwärts²). Die fortschreitende Bewegung sehen wir deutlich auch an der Entwicklung unserer deutsch-österreichischen Kanalprojekte.

Da die Projektirung von Kanälen an die gegebenen, natürlichen Verhältnisse anknüpft, ist es begreiflich, daß die Projekte, wie sie uns heute entgegengetreten, mutatis mutandis schon vor Jahrhunderten aufgestellt worden sind.

Es wird erzählt, daß Kaiser Karl IV. im 14. Jahrhundert eine Verbindung der Donau mit der Moldau ins Auge gefaßt habe. Hienach³) sollten zwischen den im Mühlkreise in der Gegend von Algen und Neufelde von Norden nach Süden gehenden und in die Donau sich ergießenden Gewässern Groß- und Kleinmühl und dem Aust ein Verbindungskanal gezogen und jene selbst schiffbar gemacht werden. Die Rudera von diesen Anlagen sollen lange Zeit vorhanden gewesen sein.

Karl V. vollendete sodann wenigstens einen Theil des Werkes durch die Schiffbarmachung der Moldau bis zur Einmündung derselben in die Elbe⁴). Im 17. Jahrhundert finde ich die Projekte von Kanälen aus der Donau zur Oder und Elbe bei merkantilistischen Schriftstellern erörtert⁵).

Dann tauchen die Projekte mit vielen anderen österreichischen Kanalprojekten im Aufklärungszeitalter wieder auf⁶). Ausgeführt wurden dieselben jedoch nicht, nur wurde (1789) ein 5 km langer und 420 Fuß lang durch Granit tunnelirter Kanal zur Verbindung der Moldau mit der Mühl und damit der Donau, der sogenannte Schwarzenbergkanal (+ 427 m) gegraben, der aber nur als Floßkanal zu betrachten ist. In dem klassischen Zeitalter der Kanalprojekte, den ersten Jahrzehnten dieses Jahrhunderts, wurden die Projekte natürlich auch wieder fleißig diskutirt⁷).

Ernstlich beschäftigte sich damals der österreichische „Gubernialrath" Franz Josef Ritter von Gerstner in Prag mit dem Donau-Elbekanalprojekte. Sein Sohn Franz Anton, der im Jahre 1825 die erste privilegirte, österreichische Eisenbahngesellschaft ins Leben rief, und als erste österreichische Eisenbahn die Verbindung der Donau mit der Moldau ausbaute, knüpfte an die Bestrebungen seines Vaters an. Letzterer war schon 1807 zu dem Resultat gekommen, daß ein Schienenweg zur Verbindung der Moldau mit der Donau einem Kanale vorzuziehen sei. Franz Anton von Gerstner erzählt hierüber Folgendes: „In der österreichischen Monarchie ist die Vereinigung der Moldau mit der Donau durch einen Schiffahrtskanal im 14. Jahrhundert unter Karl IV. zuerst in An-

---
*) Vergleiche das 1. Kapitel dieser Schrift.

trag gekommen und seither öfter, besonders unter den Regierungen Ferdinand I., Leopold I., Joseph I., Karl VI. und Maria Theresiens wieder zur Sprache gebracht worden, aber wegen der von allen Wasserbauverständigen berechneten, äußerst beträchtlichen Kosten immer unterblieben. Im Jahre 1807 erhielt der verdienstvolle und berühmte k. k. Wasserbaudirektor Herr Ritter von Gerstner und der k. k. Hofbaurath Frhr. v. Packassy den Auftrag, jene Gegend nebst allen bisherigen Vorschlägen zu dieser Wasserverbindung genau zu untersuchen und den vorzüglichsten derselben wieder aufzunehmen, und aus dem von diesen beiden gründlichen Wasserbau-Verständigen unterm 31. Dezbr. 1807 erstatteten Berichte ergab sich, daß diese Vereinigung auf der kürzesten und am wenigsten kostbarsten Linie, von Hohenfurt durch den Haselgraben nach Linz, wo die Entfernung der beiden Flüsse nur fünf deutsche Meilen beträgt, mit allen zugehörigen Vorrichtungen fünf Millionen Gulden in Konventions=Münze (d. i. $^1/_2$ Mill. für jede Stunde Weg) kosten würde[8])."

Mit diesem Gutachten Gerstner's wurden die Kanalprojekte auf einige Zeit begraben, da begreiflicher Weise das ganze öffentliche Interesse sich nunmehr den Eisenbahnen zuwendete.

Die neue „Wasserstraßenfrage", die dadurch charakterisirt ist, daß die modernisirte Binnenschifffahrt neue Aufgaben trotz der Eisenbahnen und neben denselben erhalten soll, gelangte in Oesterreich, wie gleichzeitig in den anderen Kulturstaaten erst in den 70er Jahren auf die Tagesordnung des öffentlichen Interesses.

Die parlamentarische Aktion, welche mit der privaten, in dem Wiener Donauverein ihren Mittelpunkt findenden Initiative einherging, faßt zumeist die beiden großen Kanalprojekte zusammen und nahm bisher folgenden Verlauf.

Im November 1879 stellte der Abgeordnete Friedmann im österreichischen Abgeordnetenhause den Antrag, die Regierung aufzufordern, sowohl der Verbesserung der bestehenden Schifffahrtsstraßen, wie der Herstellung neuer Schifffahrtswege ihre Aufmerksamkeit zuzuwenden. Es wurde ein Ausschuß eingesetzt, welcher zwei Subkomités unter den Obmännern Graf Berchtold und Dr. Rieger mit der Aufgabe betraute, die Verbindung der Donau mit der Oder und der Donau mit der Moldau und Elbe zu studieren. Am 23. November 1881 kam das Referat des Subkomités über den Donau=Oderkanal auf die Tagesordnung und das Abgeordnetenhaus faßte den Beschluß, die Regierung möge mit thunlichster Beschleunigung Erhebungen zur Herstellung einer Wasserstraße zwischen der Donau bei Wien und der Oder bei Oderberg vornehmen, eventuell auf Grundlage dieser Erhebungen eine Gesetzesvorlage zur baldigsten Durchführung dieser Wasserstraßen einbringen. Am 24. Mai 1884 wurde die Regierung sodann aufgefordert, ein Projekt zur Erbauung eines Schifffahrtskanals aus der Donau nächst Wien in der Richtung gegen Budweis, sowie zur Kanalisierung der Moldau von der Einmündung des Kanals bis Melnik auszuarbeiten, bei den Landtagen Beschlüsse wegen der Kostenbeträge zu erwirken und einen Gesetzentwurf über diesen Schifffahrtsweg womöglich schon in dem nächsten Sessionsabschnitte dem Abgeordnetenhause vorzulegen[9]). In den biesbezüglichen Verhandlungen und Referaten, insbesondere in den Beilagen zu den stenographischen Protokollen kommen die Ergebnisse des der privaten Initiative entsprungenen technischen und wirthschaftlichen Studiums der beiden großen Kanalprojekte voll zur Geltung. Während die Regierung sich ablehnend verhielt, nahm die Bewegung einen immer größeren Umfang und mehrte sich die Zahl der Petitionen außerordentlich.

Am 1. Mai 1891 stellten die Abgeordneten Exner, Proskowitz und Dr. Menger abermals einen den Donau-Oder-Kanal betreffenden Antrag und um die gleiche Zeit (in den Sitzungen vom 20. April und 6. Mai 1891) die Abgeordneten Kaftan und Genossen einen Antrag, betreffend die Verfassung eines vollständigen Projektes und Kostenanschlages für den Donau-Moldau-Elbekanal. Diese Petitionen und Anträge wurden nun an Ausschüsse gegeben, deren Anträge am 5. und 12. November 1892 zur Berathung kamen [10]).

Sämmtliche Ausschußreferenten befürworteten die Binnenschifffahrtsbestrebungen auf das Dringlichste und Wärmste und die Debatte verlief in gleicher Weise durchaus günstig für die Projekte. Allein die Regierung verblieb nach wie vor auf ihrem ablehnenden Standpunkte, nur erklärte der Ministerpräsident auf eine Interpellation des Abgeordneten Dr. Ruß in einer Ausschußsitzung, daß die Regierung zwar nicht auf Staatskosten die Kanäle bauen, aber jeden ernsten Konzessionsbewerber bestens unterstützen werde.

An dieser Lage der Sache hat sich bis heute nichts Wesentliches geändert und so ist denn in Oesterreich die Kanalbaufrage vorerst der privaten Initiative zur Lösung zugeschoben. Vielleicht kommt die ungarische Regierung der österreichischen zuvor und baut einen Kanal von Budapest zur Oder. Wenigstens hat die Erstere Erhebungen darüber von Ingenieuren machen lassen. Die private Initiative ist nun in Oesterreich sehr thätig und hat das Studium der beiden großen Kanalprojekte aus eigener Kraft wesentlich gefördert und beim Donau-Oderkanale, darf man sagen, zu einem gewissen Abschluß gebracht.

Die ersten modernen Projekte für den Donau-Oderkanal wurden zu Anfang der 70er Jahre ausgearbeitet und operirten mit einer kleinen Bausumme [11]). Nach dem heutigen Stand der Technik können diese Projekte nicht mehr genügen. Allein sie bildeten eine Grundlage für die Agitation und wurden während derselben und der parlamentarischen Aktion weiter entwickelt [12]). Eine größere Anzahl von Publikationen baut auf der so geschaffenen technischen Grundlage weitere Erörterungen auf [13]). Ein Unternehmer zur Ausführung dieser technischen Projekte fand sich jedoch nicht. Im Jahre 1873 waren allerdings die Verhandlungen mit einem Konzessionsbewerber schon im besten Geleise, allein der große Krach, der damals kam, ließ die Sache wieder in den Hintergrund treten.

Auch an Gegnern fehlte es dem Donau-Oderkanalprojekte nicht. Im Jahre 1885 veröffentlichte der Generaldirektor des österreichischen Eisenbahnwesens v. Nördling seine Schrift über die Selbstkosten des Eisenbahntransportes und die Wasserstraßenfrage [14]), eine Schrift, aus welcher die Kanalgegner — das sind bekanntlich [15]) in Oesterreich vor Allem die einflußreichen Interessenten der Nordbahn — ihre Argumente schöpfen konnten und schöpften, vermuthlich ohne die verschiedenen Widerlegungen [16]) Nördling's gleicher Beachtung zu würdigen.

Solche Kritiker wie Nördling vergessen vor Allem, daß nicht nur das Eisenbahnwesen, sondern mindestens im gleichen Tempo auch die Binnenschifffahrt fortgeschritten ist und fortschreitet. Sie rechnen bei der Eisenbahn mit der hochentwickelten Gegenwart und mit der Zukunft, bei der Binnenschifffahrt mit veralteten Verhältnissen, das stellen sie gegenüber und das ist falsch.

Dies sehen wir so recht deutlich an der neuesten Wendung, welche die Projektirungsthätigkeit des Donau-Oderkanals genommen hat.

Es hat nämlich eine leistungsfähige und in derlei Anlagen bestaccreditirte Firma A. Hallier & Dietz-Monin in Paris sich bereit erklärt, die Konzession für den Bau und Betrieb eines Donau-Oder-Kanales erwerben zu wollen, und auch ein Syndikat in Paris gebildet, welches die erforderlichen Kosten für die Studien und die Ausarbeitung eines neuen Detail-Projektes auf Grund der großen Fortschritte und der Erfahrungen in den letzten Jahren zur Verfügung stellte. Das Syndikat hat die Leitung dieser Arbeiten einem der hervorragendsten Ingenieure Frankreichs, dem inzwischen verstorbenen Herrn Peslin, Ingenieur en chef des ponts et chaussées, der mit der Verwaltung und dem Umbau der Wasserstraßen im Norden Frankreichs betraut war, anvertraut, dem die Herren Le Vallois, Ingenieur en chef der Firma und Prof. Acquard zur Seite standen. Die Vorarbeiten wurden im Laufe des Jahres 1892 mit französischen und österreichischen Ingenieuren zu Ende geführt und die Detailprojekte im Jahre 1893 vollendet. Die Kosten der Projektirungsarbeit belaufen sich auf mehr als 600 000 Frcs. Dem Syndikate sind in Oesterreich Graf Hans Wilczek jun. und Andere beigetreten. Am 16. Oktober 1893 haben nun die genannten Herren das Detailprojekt für den Donau-Oderkanal dem k. k. Handelsminister v. Bacquehem mit der Bitte überreicht, mit den genannten Mitgliedern des Syndikats wegen definitiver Erteilung der Konzession für den Bau und Betrieb dieses Kanales in Verhandlung treten zu wollen.

Minister von Bacquehem erklärte, das Projekt durch das hydrographische Bureau prüfen zu lassen. Wie nun diese Prüfung ausgefallen ist, entzieht sich meiner Kenntniß. Jedenfalls verdienen die Details dieses Kanalprojektes n e u e s t e n S t i l s in den weitesten Kreisen die größte Beachtung. Die Aufgabe, die sich die Projektanten stellten, war [17]), ein Projekt zu verfassen, das nach dem heutigen Stand der Technik den denkbar billigsten Kanaltransport ermöglichte.

Dieses Ziel suchte man zu erreichen durch Anwendung der schiefen Ebene an Stelle der in dem früheren Oelwein'schen Projekte vorgesehenen 84 Schleusen. Da das neue Projekt im Wesentlichen die Dimensionen der kanalisirten oberen Oder und des Oder-Spreekanals zu Grunde legt (8,6 m Schleusenbreite und 57,5 m Länge), so müssen die schiefen Ebenen für 6—700 Tonnenschiffe funktioniren, was bekanntlich ein Novum ist. Peslin operirt mit Trogschleusen. Er läßt die Schiffe in mobile Kammern einfahren und diese Letzteren mit dem darin schwimmenden Boote auf Geleise heben. Die beiden mobilen Kammern sind auf Truckgestellen mit Rädern gelagert und unter einander mit Seilen, die oben über eine Rolle laufen, derart verbunden, daß das Gewicht der einen Kammer die andere emporhebt. Der Grund, warum Peslin der schiefen Ebene gegenüber dem lothrechten Schiffshebewerk, das ja für große Schiffe schon besser erprobt ist, den Vorzug gab, dürfte darin zu suchen sein, daß mit dem lothrechten Schiffshebewerk doch nur höchstens 20 m, mit der schiefen Ebene aber sogar 50 m Gefälle genommen werden kann, was bei hohen Wasserscheiden wichtig ist. Bei Durchführbarkeit des Peslin'schen Projektes würde eine transitirende direkte Schifffahrt aus der Donau durch den Donau-Oder- und Oder-Spreekanal bis zur Ost- und Nordsee möglich sein. Die Fahrtdauer wäre gegenüber dem alten Schleusensystem um 20 Stunden gekürzt und, da nur 9 Haltungen entstehen, wäre Dampfbetrieb, bezw. überhaupt mechanischer Betrieb, mit einem Worte, eine Großschifffahrt modernen Stils ermöglicht.

Im engsten Zusammenhange damit hat sich auch die wirthschaftliche Projektirung des Donau-Oberkanals geändert. Es würde jetzt selbst einem Herrn v. Nördling nicht mehr möglich sein, die große Frachtdifferenz zwischen Donau-Oberkanal und Eisenbahn [18]) anzuzweifeln. Man rechnet auf einen Verkehr von 2,7 Mill. Tonnen oder 736 Mill. Tonnenkilometer, wobei mit einer Péage von 0,5 kr. ein Anlagekapital von 60 Mill. fl. sich mit 5% verzinsen und mit 0,3% amortisiren lassen würde. Nun hat aber die Projektirung ein Kapital von 72 Mill. fl. als erforderlich gezeigt, so daß für den Betrag von 12 Mill. fl. durch das Studium des Projektes keine 5%ige Verzinsung als sicher hingestellt werden konnte. Während demnach das französische Konsortium sich bereit erklärte, 60 Mill. fl. in das Projekt zu investiren, forderte es, daß die übrigen 12 Mill. fl. und die Intercalarzinsen für das ganze Anlagekapital auf andere Weise, sei es durch Uebernahme einer Zinsgarantie durch die Regierung oder die Provinzen, sei es durch Herausgabe von Stammtitres mit dem Nachrang der Verzinsung oder durch Baarergänzung aufgebracht würden.

So hängt also zur Zeit die endgiltige Lösung der Donau-Oberkanalfrage nur noch von der Aufbringung des Restbetrages von 12 Mill. fl., der Genehmigung des Projektes durch die Regierung und last not least davon ab, daß die schiefen Ebenen für 600 Tonnenschiffe in der Praxis gut funktioniren.

Soweit ist nun das Studium des Donau-Elbekanalprojektes noch nicht gediehen.

Auch hier finden wir zunächst ein auf der älteren Kanaltechnik basirtes Projekt und zwar teils im direkten Zusammenhange mit dem älteren Donau-Oberkanalprojekt, indem man plante, von dem Donau-Oberkanal, da, wo dieser in das Beczwathal eintritt, abzuzweigen [19]), von da nach Pardubitz südlich von Königsgrätz zu traciren und von da bis Melnik die Elbe zu kanalisiren, theils ein eigenes Donau-Elbekanalprojekt. (Ersteres Projekt begünstigt mehr den Norden, letzteres mehr den Süden Böhmens. Alles nähere über dieses letztere Projekt findet sich in einer Schrift von Dr. Ruß über den Elbe-Donaukanal [20]).

Dieser an das österreichische Abgeordnetenhaus erstattete, sehr umfangreiche Bericht des Abgeordneten Dr. Ruß, welcher die Gutachten der Experten in Wortlaut und außerdem noch eine Darlegung der Regierung über die zu erwartenden Verkehrsmengen auf dem projektirten Donau-Moldau-Elbekanal enthält, ist außerordentlich reichhaltig und lehrreich für Jeden, der mit dem Studium eines Kanalprojektes beschäftigt ist, und zwar nicht blos nach der technischen, sondern — und das vermißt man zumeist in solchen Denkschriften — auch nach der nationalökonomischen Seite hin.

Nach der letzteren Richtung enthält er auch heute noch werthvolles Material, während die technischen Grundlagen meines Erachtens nicht haltbar sind. (Ein Kanal, dessen 550 m Scheitelhöhe durch 185 und incl. der Moldauschleusen durch 247 Schleusen überwunden werden sollen, ist meiner Meinung nach im Zeitalter der Eisenbahnen und des direkten Levantetarifs unmöglich. Bei einem Blick auf das Profil des Ludwigskanals mit seinen 100 Schleusen können Sie sich eine Vorstellung machen, wie so ein Elbe-Donaukanal mit 247 Schleusen sich ausnehmen müßte. Gerade diese große Schleusenzahl ist ja der Hauptgrund, warum der Ludwigskanal so schlecht funktionirt. Dies empfanden denn auch die Interessenten des Elbe-Donaukanals und setzten deshalb das Studium ihres Kanalprojektes fort, um zu besseren Ergebnissen zu gelangen.

Ein Exekutivkomité, welches am 27. Mai 1892 in Aussig, besonders aus Delegirten der betheiligten Landesausschüsse, Hauptstädte, Handelskammern, der Dampfschifffahrtsgesellschaften und anderer Korporationen zusammengesetzt wurde und Dr. Ruß zum Präsidenten, Kaftan zum Vizepräsidenten wählte, setzte eine technische, eine finanzielle, eine statistische und eine agitatorische Kommission ein, welche seitdem an der Arbeit sind. Dazu kommt die Thätigkeit der zahlreichen Freunde des Projektes im Abgeordnetenhause und im böhmischen Landtage. Deutschböhmen und Jungczechen gehen in dieser Frage Hand in Hand. In einer neueren Denkschrift des Komités[21]), herausgegeben von Kaftan im Jahre 1893, sieht man so recht deutlich das Studium des Elbe-Donaukanalprojektes vorwärts schreiten. Man hofft jetzt die Scheitelhaltung des Kanals von 550 m auf 520 m herunterzubringen und glaubt mit Hilfe der neuen französischen Schleusen, welche mit Sparwasserbassins versehen und 5—10 m überwinden können, die Zahl der Schleusen der eigentlichen Kanalstrecke im Aufstieg von der Donau auf 72, im Abstieg zur Elbe auf 30, im Ganzen also auf 102 gegenüber der früher vorgesehenen Zahl 185 reduziren zu können. In Bezug auf die Speisung des Kanals hält man — wohl mit Recht — an dem System der Sammelreservoirs fest. Außerdem hat man auch bei diesem Projekt jetzt den hydraulischen Hebewerken und der schiefen Ebene das Augenmerk zugewendet. Man hofft auf diese Weise die Zahl der eigentlichen Kanalschleusen auf 50 herabmindern, die Fahrzeit zwischen Wien und Prag von 12 auf 8 Tage reduziren zu können und dadurch 11 Hin- und Rückfahrten, statt der früher vorgesehenen 8 ermöglichen zu können. Außer der Kanalisirung der Moldau tritt jetzt auch die Kanalisirung der Elbe von Melnik nach Aussig in die Erörterung. Ein eigentliches Detailprojekt liegt aber auch der Kaftan'schen Denkschrift noch nicht zu Grunde und sind namentlich die wirthschaftlichen und finanziellen Berechnungen noch den älteren, in der Schrift von Dr. Ruß gesammelten Gutachten entnommen. Selbstredend würden sich aber auch diese Berechnungen, wie schon die Annahme eines Anlagekapitals von 70 Mill. fl. durch ein auf der modernen Technik aufgebautes Detailprojekt ebenso verändern, wie wir dies bei der Betrachtung des Donau-Oderkanalprojektes gesehen haben. Seit dem Erscheinen der Kaftan'schen Denkschrift ist aber das Studium des Donau-Elbekanalprojektes abermals wesentlich vorwärts geschritten.

Folgende Daten[22]) bezeichnen den gegenwärtigen Stand in dem Studium des Donau-Elbekanalprojektes:

Die schiffbare Wasserstraße soll von der Donau nächst Wien abzweigen und als Kanal bis Budweis an der Moldau geführt werden; von Budweis ist die Moldau und von Melnik angefangen auch die Elbe soweit zu kanalisiren, daß von Budweis bis Aussig stets eine Minimalwassertiefe von 2,1 m vorhanden ist. Die Wasserstraße ist zweischiffig für Schiffe von 61,5 m größter Länge und von 8,0 m größter Breite (in der oberen Schwimmlinie gemessen), dann von 1,75 m größter Tauchtiefe und 3,6 m größter Erhebung über dem Wasserspiegel herzustellen. Der Kanal zwischen der Donau und der Moldau hat folgende normale Ausmaaße zu erhalten:

In der kurrenten Strecke: Breite im Wasserspiegel 30,0 m, Breite in der Sohle 18,0 m, normale Wassertiefe 2,1 m. Eine Erweiterung der Breite in den Bogen hat um das dreifache der Bogenhöhe bei einer Länge der Fahrzeuge von 64 m einzutreten. Krümmungsradius im Allgemeinen nicht unter 500 m; Minimalradius 250 m; Breite der Leinpfade mindestens einseitig 2 m;

Wendeplätze nach Erforderniß mit einem Sohlendurchmesser von 70 m; Ladestellen mindestens lang 67 m, mindestens breit 9 m; lichte Höhe der Brücken über Mittelwasser 4,0 m; lichte Breite der Brücken über Mittelwasser 21,0 m (eine Verbreiterung derselben in Krümmungen der kurrenten Strecke!)

Bei Schleusen: Breite der einschiffigen Schleuse 8,6 m. Nutzbare Länge 67,0 m; Drempeltiefe 2,5 m; Stauhöhe mindestens 4,0 m.

Die Kanalisirung der Moldau und Elbe hat folgende normale Ausmaaße zu erhalten: Minimalwassertiefe 2,1 m. Die Schleusen am kanalisirten Fluß sind als Zugschleusen auszubauen und mit zwei Unterhäuptern, derart, daß die obere Kammer 67 m, die obere und untere Kammer zusammen 220 m nutzbare Länge erhalten; Drempeltiefe der Schleusen 2,5 m. Für die Flößerei sind im kanalisirten Fluß Floßdurchlässe mit Anwendung von Trommelwehren und mit einem Minimalgefälle von 1 : 200 sammt den zugehörigen Leitwerken vorzusehen. Ihre Breite soll 9 m betragen; an den Wehren sind Fischpässe anzulegen. Bei Anwendung von Trogschleusen mit vertikaler Hebung oder von geneigten Ebenen gelten die vorgenannten Dimensionen der einschiffigen Schleuse als Grundlage der Dimensionirung dieser Einrichtungen. Kammer und Trogschleusen mit vertikaler Hebung sind für den Transport eines Bootes, die geneigten Ebenen für zwei Geleise, d. i. für den gleichzeitigen Transport zweier Boote in entgegengesetzter Richtung vorzusehen. Die Tunnelstrecken sind elliptisch und zwar mit einer Breite von 10,5 m und einer Höhe von 11,8 m herzustellen.

In der Generalversammlung des Kanalkomités vom 14. Mai 1893 wurden diese vom technischen Komité vorgeschlagenen Normalien genehmigt und beschlossen, die Firmen J. Gröger in Prag, A. Hallier und Dietz-Monin in Paris, A. Lanna in Prag und C. Vering in Hannover—Hamburg zur Konkurrenz für die Verfassung eines Vorprojektes einzuladen. Am Schlusse des Jahres 1893 wurden von den Firmen J. Gröger in Prag, A. Hallier und Dietz-Monin, dann Lanna und Vering drei Projekte eingebracht und seitens des technischen Subkomités unverzüglich einer speziellen Prüfungskommission zur Prüfung übergeben. Das Vorprojekt von A. Hallier behandelt blos die Kanaltrace zwischen Wien und Budweis und suchte die Kanalniveau-Unterschiede ausschließlich durch geneigte Ebenen zu überwinden. Die Kanalscheitelhaltung wurde auf 550 m gelegt, die Wasserscheide wurde in zwei Einschnitten von je 2 km Länge und einer Tiefe von 18—25 m übersetzt. Das zweite Projekt des Ingenieurs J. Gröger wendet zur Ueberwindung der Niveau-Unterschiede theils Kammerschleusen, theils geneigte Ebenen an. Die Scheitelhaltung des Kanals liegt auf 527,5 m über der Adria und ist theilweise im Tunnel geführt. Das dritte und vollständigste Projekt von Lanna und Vering ist ausschließlich auf Grundlage von Kammerschleusen ausgearbeitet und liegt die Scheitelstrecke auf 527,5 m ebenfalls zum Theile im Tunnel. Die Speisewassermenge erscheint durch Reservoirs auf der Scheitelstrecke sichergestellt. Die drei Kanaltracen verfolgen von Budweis an bis zur Scheitelstrecke nahezu denselben Weg, von da entfernen sie sich von einander. Die erste Trace — die nördlicher gelegene — zieht sich über Sigmundsherberg in das Schmidabachthal nach Kornneuburg, die zweite — die südlichere — von Haselbach südlich von Horn in das Kampthal und erreicht unterhalb Habersdorf die Donau, die dritte Trace hält die Mitte zwischen den beiden Ersteren und führt zwischen Horn und Sigmundsherberg über Eggenburg in das Schinibabachthal und nächst Kornneuburg zur Donau. Die Prüfungskommission erkannte einhellig die große Bedeutung der geneigten Ebenen für Ueberwindung großer Kanalniveauunterschiede, doch gingen betreffs Anwendung derselben bei dem Donau-Moldau-Elbekanale die Meinungen auseinander. Ein Theil der Mitglieder befürwortete ihre Anwendung, die anderen wünschten die ausschließliche Anwendung von Kammerschleusen, allerdings in der vervollkommneten Form, mit Nutzgefällen bis 10 m und Sparbassins und motivirten dies mit der Einfachheit, großen Leistungsfähigkeit, Billigkeit, der leichten Vornahme von eventuellen Reparaturen an den Kammerschleusen, während geneigte Ebenen in der projektirten Ausdehnung noch nirgends durchgeführt seien und ihre Leistungsfähigkeit daher erst erprobt werden müßte. Schließlich einigte sich die Kommission in ihrer Sitzung am 14. Juni 1894 zu folgenden Anträgen: 1) Die Firmen Lanna, Vering und Gröger haben mit den vorliegenden Projekten den Programmbedingungen entsprochen. 2) Wenn auch die Firma Hallier & Dietz-Monin den Projektbedingungen nicht vollkommen entsprochen hat, so haben doch auch ihre Arbeiten einen wesentlichen Beitrag zur Lösung der Frage geliefert. 3) Die Ausarbeitung des Generalprojektes für die Strecken Prag—Budweis und Budweis—Donau sind getrennt vornehmen zu lassen. Von der Ausarbeitung des Projektes Prag—Aussig ist abzusehen, da sich die Organe der Regierung bereits eingehend mit demselben beschäftigen. 4) Die Ausarbeitung eines Generalprojektes für die Strecke Budweis—Prag wird der Firma Lanna-Vering übertragen. 5) Die günstigste Lösung der Kanaltrace Budweis—Donau ist vom Betriebssystem abhängig und wird die Behandlung der Frage, ob hiefür Schleusen, Hebewerke oder Schiffseisenbahnen in Anwendung zu bringen sind, dem gesammten technischen Subkomité überlassen.

Das technische Subkomité des Executivkomités für den Elbe-Donaukanal berieth in seiner Sitzung vom 13. Dezember 1894 die Anträge der Prüfungskommission und faßte nachstehende Beschlüsse: Es sei eine Fachfirma mit der Ausführung eines auf genauen Nivellements beruhenden Schichtenplanes zu betrauen, und zwar in der Ausdehnung, daß die Entwicklung der Kammerschleusentrace sowohl als auf der Kanaltrace mit geneigten Ebenen thunlich sei. Da Erfahrungen bezüglich mechanischer Hebewerke noch nicht soweit vorliegen, um zu einem abschließenden Urtheile zu gelangen, ist eine definitive Entscheidung, ob Kammerschleusen oder mechanische Hebewerke für die Kanalstrecke Anwendung finden sollen, derzeit noch so lange zu vertagen, bis das Komité in der Lage ist, für die Entschließung die nöthige Grundlage zu schaffen. Zu diesem Zwecke sei eine Konkurrenz für das System der geneigten Ebene und der Schwimmerhebewerke auszuschreiben, um bezüglich dieser mechanischen Hebewerke die Ausführbarkeit und Sicherheit des Betriebes beurtheilen und die Betriebskosten aufstellen zu können. Die Konkurrenzbedingnisse sind durch ein Komité festzustellen.

Dieses Komité legte dem technischen Subkomité in der Sitzung am 3. April 1895 die von den Professoren Petrlik und Steiner verfaßten Bedingungen für Lieferung der Schichtenpläne und der Pläne für mechanische Hebewerke vor, welche mit einigen Modifikationen zur Annahme gelangten. Am 4. April 1895 hielt im Ingenieur- und Architekten-Verein zu Wien das große Kanalkomité eine Sitzung ab, in welcher über den Stand der Angelegenheit Bericht erstattet wurde. Wir entnehmen diesem Berichte Folgendes:

Für die Projektirungs- und Agitationskosten sind im Ganzen Beiträge in der Gesammtsumme von 132 875 fl. sichergestellt. Unter den Beitragenden erscheint obenan der Landtag des Königreichs Böhmen, ferner der niederösterreichische Landtag, die Städte Prag und Wien, die Handelskammern u. s. w. Das statistische Komité konnte seinen Bericht noch nicht vorlegen, es ist jedoch Aussicht vorhanden, daß dies binnen Kurzem erfolgen wird. Ingenieur Kaftan beantragt, es möge, — um den für Ausschreibung und Lieferung von Plänen für mechanische Hebewerke nöthigen Zeitraum von einem Jahre nicht nutzlos verstreichen zu lassen — die Lieferung von Schichtenplänen und des Generalprojektes für den Kanal von Wien nach Budweis auf Grund von Kammerschleusen ausgeschrieben werden, welcher Antrag schließlich dem technischen Subkomité zur Spezialberathung überwiesen wurde. Die Versammlung beschloß einen Konkurs für die Lieferung von Plänen, betreffend Schiffs-Eisenbahnen und vertikale Schwimmer-Hebewerke, auszuschreiben und hervorragende Maschinenfabriken im In- und Auslande zur Betheiligung aufzufordern.

Ueber das Projekt Lanna-Vering, welches den gegenwärtigen Stand des Elbe-Donaukanalprojektes am Besten bezeichnet, finde ich noch einige nähere Mittheilungen im Zentralblatt der Bauverwaltung[23]). Darnach reduzirt sich die Scheitelhöhe des Kanals auf 514 m und wären zur Ueberwindung derselben 26 lothrechte Hebewerke von je 20 m Hubhöhe à 3 Mill. Mark Anlagekosten und 0,5 Mill. Mark kapitalisirten jährlichen Betriebs- und Unterhaltungskosten nothwendig, so daß ein Kapital von 90 Mill. fl. allein für die Mittel zur Höhenüberwindung erforderlich wäre. Dieses System wird als zu kostspielig bezeichnet. Bezüglich der schiefen Ebenen wird auf den Mangel an Erfahrungen und darauf hingewiesen, daß die Länge der schiefen Ebene durch den Aufenthalt der Schiffe während der Traktion auf derselben sehr begrenzt wird, weil sonst Verkehrsstockungen eintreten würden. Wenn man aber geneigte Ebenen mit einfachen Becken herstellen wollte, so würden etwa 26 nothwendig werden, deren Gesammtkosten sich aus den Anlagekosten von etwa 1,7 Mill. Mark und den kapitalisirten, bedeutenden Betriebs- und Unterhaltungskosten von 1 Mill. Mark zusammensetzen und etwa 70 Mill. Mark ausmachen. Auch diese Summe erscheint als zu hoch und wird deshalb die Anwendung von Schleusen mit großer Fallhöhe und Sparbassins empfohlen. Wasserspeisereservoirs seien auch bei mechanischen Hebewerken zur Speisung des Kanalgrabens nothwendig und die Kosten hiefür würden nur einigermaßen vermehrt werden, aber nicht neu in Rechnung zu setzen sein. Es wären etwa 52 Schleusen mit je 10 m Gefälle nothwendig, wobei gegenüber einem Kanal mit 26 Hebewerken oder schiefen Ebenen eine größere Fahrtdauer von 9 Stunden berechnet wird, die nicht so sehr ins Gewicht falle. Zu unterscheiden von der Verkürzung der Fahrtdauer sei die Verkehrsleistungsfähigkeit des Kanals, welche durch die größere Anzahl der Aufenthalte bei dem Schleusensystem nicht alterirt werde. Dagegen sei es sehr wesentlich, daß die 52 Schleusen nur 24 Mill. Mark kosten würden, wobei eine Schleuse mit 385 000 Mark Anlage- und 75 000 Mark kapitalisirten Betriebs- und Unterhaltungskosten angesetzt ist. Wenn hiezu noch für die Vergrößerung der Reservoirs ein Plus von 5 Mill. Mark hinzugerechnet wird, so käme die Höhenüberwindung des Donau-Elbekanals bei dem Schleusensystem nur auf 30 Mill. Mark.

Zu anderen Ergebnissen gelangt die früher zitirte Kaftansche Denkschrift, welche für 1 m Gefälle bei der französischen Schleuse 80 000 Frs., bei schiefen Ebenen je nach der Höhe von 30 bis 50 m nur 46—65 000 Frs. Anlagekosten berechnet und anf die Wasserersparniß bei den mechanischen Hebewerken meines Erachtens mit Recht doch etwas größeres Gewicht legt. Der Wasserverbrauch beträgt nach den Erfahrungen bei Fontinettes am lothrechten Schiffshebewerk nur 1,7 cbm pro m Hubhöhe, bei einer gewöhnlichen Schleuse 250 cbm oder 150 mal so viel. Wenn nun auch durch die Sparbassins viel Wasser gespart werden kann ($^2/_8$), so bleibt doch noch eine ganz gewaltige Differenz.

So sind also, wie man sieht, die Ansichten über das Elbe=Donaukanal= projekt noch nicht völlig geklärt. Es fehlt noch die feste Grundlage eines Detailprojektes und deshalb kann man sich auch über die Aussichten, welche das Projekt hat, noch kein so festes Urteil bilden, wie über den Oder=Donau= kanal, für den immerhin schon 60 Mill. fl. sozusagen „geboten" sind.

Eines aber scheint mir ziemlich sicher zu sein, daß die Bewegung für das Donau=Elbekanalprojekt der Moldau zu Gute kommen wird.

Wenn das Elbe=Donaukanalprojekt nicht ganz ausgeführt werden sollte, so wird vielleicht eine Kanalisirung der Moldau bis Budweis (+ 385 m) als Theilstrecke des großen Werkes wenigstens zunächst angestrebt werden. Dann müßte außer in Budweis [24]) auch an der Donau etwa bei Tulln, ein Um= schlagshafen errichtet werden und zwischen diesen beiden Punkten auf etwa 200 km Länge die Franz=Josephsbahn den Verkehr vermitteln. Es wäre bei einer wirthschaftlichen Detailprojektirung zu untersuchen, wie sich die Umlade= spesen stellen und ob nicht das sogenannte Richtungsgesetz des Verkehrs einen Strich durch die Rechnung macht. Die Moldau hatte in Ermangelung der nöthigen Fahrwassertiefe bis jetzt nicht den gebührenden Antheil an der Elb= schifffahrt und die Bewegung für das Donau=Elbekanalprojekt hatte die nicht zu unterschätzende, praktische Wirkung, daß man hierauf aufmerksam gemacht wurde. Im Jahre 1892 wurde mit dem Bau eines Hafens in Prag, be= ziehungsweise in der Vorstadt Prag's Holleschowitz begonnen, die Regulirung der Moldau von der Landesgrenze bis Karolinenthal bei Prag gefördert, da= mit die Legung der Kette von Melnik an aus der Elbe erfolgen konnte. Für den Hafenbau und die Flußregulirung im Weichbild der Stadt wurden 4 Mill. fl. seitens des Staates und der Provinz, 180 000 fl. seitens der Stadt aufge= wendet. Man erwartete, daß Prag ein großer Umschlagplatz von ganz Böhmen und mittelst der Kette einen direkten Verkehr mit Hamburg eröffnen werde. Man erreichte jedoch dieses Ziel durch Flußkorrektion und Kette nicht und Dr. Ruß giebt uns hiezu folgenden Kommentar: „Alle Korrektionen nützen nichts mehr zu diesem Ziele; die Flußstrecke muß kanalisirt, d. h. in Haltungen mit Schleusenabschlüssen gebracht werden, wodurch die vorhandene zu geringe Wassermenge aufgestaut und zu nutzbarer Tiefe gebracht wird. Geschieht das nicht, so wird die Holleschowitzer Hafenanlage nahezu unbenutzt bleiben; die wenigen Kähne der Nordwestschifffahrt werden wie bisher in Karolinenthal bei ihrem Magazine laden, löschen und Winterstand nehmen — über dem großartigen Hafenbau in Holleschowitz jedoch werden Adler ihre Kreise ziehen."

Es fehlt nicht an innerem Zusammenhange (Würzburg—Prag!), wenn ich mich von diesem Bilde, von der Moldau zum Maine wende.

Auf einen geschichtlichen Rückblick über den Main und den Main=Donau= kanal möchte ich verzichten, weil ich nicht eine an anderer Stelle von mir ge= gebene Darstellung wiederholen will [25]).

Meine Herren! Wie Sie wissen, besteht neben dem Main=Donaukanal= projekt bereits ein Main=Donaukanal und hiedurch unterscheidet sich dieses Projekt von den österreichischen. Viel aber hat dies nicht zu bedeuten. Wenn man bedenkt, daß nach Schanz drei große Rheinschiffe, wie sie jetzt nach Frankfurt gehen, eine größere Ladefähigkeit haben, als die 32 am Ludwigskanal beheimatheten Schiffe zusammen (2646 T.!), darf man wohl sagen, daß der bestehende Donau=Mainkanal dem neuen Projekte in keiner Weise präjudizirt. Er ist als ein älterer Versuch für die Verwirklichung der Idee aufzufassen, welcher der Zeit vor allgemeiner Einführung des Eisenbahnwesens angehört und deshalb aus dieser Darstellung ausscheidet.

Einige Ansätze zu einem neuen Entwurf finden wir um die Zeit, als die Kanalisation der preußischen Untermaines ausgeführt wurde [26]).

Den eigentlichen neuen Entwurf, das Projekt einer der Rhein= und Donaugroßschiffahrt angepaßten Main=Donauwasserstraße verdanken wir dem bayerischen Thronfolger Prinz Ludwig von Bayern. Und zwar nicht blos, wie Fernerstehende die Sache vielleicht auffassen, in der Form einer allgemein gehaltenen Anregung und Protektoratsübernahme. Prinz Ludwig von Bayern entwickelte vielmehr das Projekt in einer Reihe von eingehenden Exposés [27]) und das weitere Studium des Projektes hat sich bisher im Ganzen von dieser Grundlage nicht entfernt. Nach dem Projekte des Prinzen wäre der Main völlig zu kanalisiren und zwar in den Abmessungen der Untermainkanalisation, wobei er etwa 70 Stauanlagen für nothwendig hält. Daß für die große Schiffahrt der Main ausschließlich nur durch Kanalisation zu gewinnen ist, in dieser Ueberzeugung läßt sich Prinz Ludwig durch nichts wankend machen und bemerkt hiezu: „Hat ja doch für den Theil des Maines, der jedenfalls am meisten Wasser hat, d. h. für den untersten Theil, von Mainz bis Frankfurt hinauf, auch erst die Kanalisation die große Blüthe der Schiffahrt und damit auch Frankfurt's hervorgerufen. Also wenn es unten ohne Kanalisation nicht gegangen ist, so wird es oben noch viel weniger gehen, daß man den Main mit großen Schiffen befährt. Nur die Schifffahrt mit letzteren hat eine Zukunft und stellt ein Aufblühen der Mainorte bis Bischberg hinauf in Aussicht."

Bezüglich des Umbaues des Donau=Mainkanales führte der hohe Projektgeber folgendes aus:

„Nun weiß ich wohl, daß der Umbau des Kanals eine sehr theuere und schwierige Sache ist; ich glaube aber, daß bei den großen Fortschritten der Technik und bei der Möglichkeit, mit wenig Wasserverbrauch die Niveaudifferenzen der einzelnen Kanalhaltungen zu überwinden, es nicht unmöglich sein wird, den Donau=Mainkanal sogar in den Maßen von Mainz—Frankfurt umzubauen. Es wird sich darum handeln, ihn zu vertiefen, zu verbreitern und namentlich darum, dessen viele Haltungen möglichst zu reduziren. Anstatt der jetzt bestehenden hundert Kastenschleusen, die nur geringe Niveaudifferenzen zu überwinden gestatten und dabei eine Menge Wasser verbrauchen, hätten Trogschleusen zu treten, in denen das Schiff schwimmend von der unteren auf die höhere und ebenso von der höheren auf die untere Haltung befördert würde. Diese Trogschleusen verbrauchen ein Minimum von Wasser und gestatten, große Niveaudifferenzen zu überwinden; ihre Hebung erfolgt auf künstlichem Wege. Die Art und Weise derselben muß wohl überlegt werden. Theils bestehen schon solche an anderen Orten, theils sind solche in der verschiedensten Art projektirt. — Die Scheitelhaltung des Ludwigskanals, welche die wichtigste bei den Kanälen ist, hat 25 km Länge. Was deren Wasserzufuhr anbelangt, so sind verschiedene Flüßchen und Bäche für dieselbe noch nicht vollkommen ausgenützt; auch können für dieselbe, wie die Franzosen es gezeigt haben, entsprechende Speisereservoirs errichtet werden."

Soweit Prinz Ludwig von Bayern! Das weitere Studium dieses von ihm aufgeworfenen Projektes steht in mehrfacher Beziehung mit dem bayerischen Kanalverein, welcher am 6. November 1892 in Nürnberg gegründet wurde [28]). Dieser unter dem Protektorate des Prinzen Ludwig von Bayern stehende Verein richtete am 1. Juni 1893 eine Petition an die kgl. bayerische Staatsregierung und bat um Vornahme von Projektirungsarbeiten für das Projekt der Mainkanalisirung und eines modernen Main-Donaukanales [29]).

Wie Sie wissen, hat die kgl. bayerische Staatsregierung bereitwilligst zu diesem Zweck ein Postulat von zunächst 100 000 Mark an den bayerischen Landtag gebracht; allein während die Kammer der Reichsräthe den Posten einstimmig bewilligte, hat die Kammer der Abgeordneten denselben mit ziemlicher Majorität abgelehnt, dagegen die 6 Millionen-Vorlage über raschere Vollendung der Mainregulirung und den staatlichen Kettenschleppschifffahrtsbetrieb auf dem Maine bewilligt. Es hat bei diesem Beschluß mancherlei hereingespielt, was mit dem Studium eines Kanalprojektes nichts zu thun hat, folglich auch nicht zu meinem Thema gehört. Vielleicht wären die 100 000 Mark auch besser in einer Vorlage mit dem 6 Millionen-Postulat zu erreichen gewesen; — denkwürdig bleibt es immerhin, daß eine Kammer für ein großes Verkehrsprojekt keine 100 000 Mark hergab, gerade in dem Zeitpunkt, da in dem Nachbarlande für das gleich schwierige Konkurrenzprojekt bereits 60 Mill. fl. geboten wurden. Nun, meine Herren, es ist noch nicht alle Tage Abend. Aehnlich wie bei der Moldau ist wohl auch beim Maine die Kettenschleppschifffahrt der „Pionier" für die spätere wirkliche Schiffbarmachung des mittleren Flusses, um einen Ausdruck Klunzinger's zu gebrauchen. Inzwischen ist auch das Studium des Main-Donaukanalprojektes wesentlich gefördert worden. Die Litteratur wächst an [30]). Wenn ich nun frage, was kann auf Grundlage dieser neueren Studien, also ohne technische Projektirungsarbeiten bezüglich des Main-Donau-Kanalprojektes als glaubhaft angenommen werden, so ergibt sich Folgendes:

Der Main kann nur durch Kanalisirung ein Glied eines für Großschifffahrt geeigneten Rhein-Donauwasserweges werden. Dieselbe muß in den Dimensionen der Untermainkanalisirung ausgeführt werden (Schleusenweite 10,5 m, Länge 85 m, Drempeltiefe 2,5 m). Es werden von Frankfurt bis Bamberg höchstens 70 Nadelwehre nothwendig sein [31]). Die großen Ansatzschleusen, wie sie jetzt am Untermaine gebaut werden, dürften wenigstens bis Würzburg anzuwenden sein, weil hier der große bayerische Holzexport an den Main kommt. Es wird angestrebt, daß die tiefer und größer zu bauenden Flöße dann diese Schleusen gleich den Schiffen benutzen. Die Floßrinnen können dann wegfallen. Unter Zugrundelegung der großen Dimensionen und bei 72 Haltungen und bei Ansatzschleusen bis Würzburg berechnet Schanz [32]) für die Mainkanalisirung von Frankfurt bis Bamberg einen Kostenbetrag von 70 Mill. Mark.

Dazu kommt nun der Umbau des Donau-Mainkanals.

Der Donau-Mainkanal muß wesentlich vergrößert werden, die Sohlenbreite des Kanals muß von 10 m auf etwa 20 m, die Tiefe von 1 1/2 auf mindestens 2 m, die Schleusen in der Länge von 34 m auf ca. 80 m, in der Breite von 4½ auf ca. 10½ m gebracht werden.

Bei dem Umbau des Kanals kommt ferner in Betracht, daß die vielen Schleusen durch mechanische Hebewerke zum Theil zu ersetzen sind. Aus den diesbezüglichen Ausführungen von Schanz[33]) sieht man, daß die Annahme von 8 Hebewerken keine übertriebene ist.

Durch diese 8 Hebewerke würden die 100 Schleusen des bestehenden Kanals auf 47 reduzirt, die Fahrtdauer um 12 Stunden gekürzt und zugleich das Problem der Wasserversorgung gelöst. Mit dieser würde es — falls die Annahmen von Schanz durch die technische Projektierung bestätigt werden — auf der Scheitelhaltung sehr mißlich sein, da hiefür 2—3 cbm pro Sekunde nothwendig sind, während zur Zeit nur ³/₁₀ cbm zur Verfügung stehen[34]).

Ob an Stelle der hydraulischen Hebewerke auch die schiefe Ebene treten kann, ist davon abhängig, daß sich dieses System in der Praxis auch für 1000 Tonnenschiffe durchführen läßt. Das System der französischen Schleusen läßt sich wegen des großen Wasserverbrauchs, der selbst bei Anwendung des Sparbassins noch eintritt, zur Verringerung der Schleusenzahl beim Donau-Mainkanal wenigstens nicht in der Gegend der Wasserscheide anwenden. Es wird sich also mit Rücksicht auf das spärliche Wasserquantum in der Scheitelstrecke darum handeln, die hydraulischen Schiffshebewerke bezw. schiefen Ebenen, an die Scheitelstrecke anzustoßen. „Die große Schleusentreppe auf dem nördlichen Abhang muß auf diese Weise durch Hebewerke bezw. schiefe Ebenen bis nach Wendelstein weggebracht werden[35]). Ist man einmal so 70 m tiefer, dann ist ein reichlicher Wasserbezug nicht mehr unmöglich. Man hat hart bei Wendelstein die hier ziemlich stark gewordene Schwarzach zur Verfügung. Auch läßt sich zur Noth aus der nur 8 km entfernten Rednitz durch ein Pumpwerk noch Wasser beiziehen. Man ist also in der Lage, von da an reichliche Wassermengen zu schaffen und infolgedessen auch im Stande, den Schleusen ein bedeutend erheblicheres Gefälle wie bisher zu geben, d. h. je 2—3 Schleusen zusammenzuziehen. Etwas schwieriger liegt die Sache auf dem Südabhang, wo mit dem weiteren Herabsteigen nur die Sulz zur Verfügung steht, eventuell aber theilweise der Altmühl heraufgepumpt werden könnte. Wahrscheinlich wird man auch hier bis an die Altmühl mit schiefen Ebenen und Schiffshebewerken operiren müssen."

An Kosten für den Kanalneubau berechnet Schanz per km 350 000 Mk., im Ganzen 60 Mill. Mk., so daß sich mit den 70 Mill. Mk. für Mainkanalisation die Summe von 130 Mill. Mk. ergibt[36]). Wenn man bedenkt, daß es sich unter Beibehaltung der gegenwärtigen Trace lediglich um einen Umbau handelt, daß also die Kosten für Grunderwerbungen, Ausgrabung des Kanals u. s. w. zum großen Theil wegfallen, ist 350 000 Mk. eine sicherlich sehr hoch gegriffene Summe.

Zur Verzinsung eines so hohen Anlagekapitals wäre ein bedeutender Verkehr auf dem Kanal erforderlich. Denselben würde ein gegen die Eisenbahn erheblich billigerer Tarifsatz verbürgen. Wenn man einen durchschnittlichen Schifffahrtsfrachtsatz von 0,8 Pfg. pro Tonnenkilometer zu Grunde legt und eine Gebühr von 0,7 Pfg. für jeden km der ganzen Main-Donauwasserstraße von Frankfurt bis Kelheim in Ansatz bringt, so ergibt sich unter Berücksichtigung der beträchtlich größeren Entfernungen der Wasserstraße gegenüber der Eisenbahn nach Schanz folgendes Verhältniß[37]):

Für die große Masse der Güter ist der in naher Zukunft nicht so leicht unterschreitbare Gesammteisenbahnsatz per Tonnenkilometer 2 Pfg., d. i. ungefähr der niedrigste bayerische Ausnahmetarif, einschließlich der Expeditionsgebühr. Die Normaltarife liegen sämmtlich, zum Theil sehr erheblich darüber. Vorerst mag die Bahn im Einzelnen, aber sie kann nicht im großen Durchschnitt darunter gehen. Rechnet man scharf, so wird man sagen, die Wasserstraße darf bei ungefähr gleicher Länge, als sie die Eisenbahn hat, wegen sonstiger Vorzüge der Eisenbahn nur $^3/_4$ hievon kosten, um in der Konkurrenz mit der Bahn bei den billigsten Massengütern nicht zu unterliegen. Wenn unsere Wasserstraße benützt wird, so muß, wenn man mit Mannheim konkurriren will, das Tonnenkilometer nach Augsburg um $^1/_8$, nach München um $^2/_5$, nach Ingolstadt um $^1/_2$, nach Ansbach, Regensburg, Weiden um $^3/_4$ des Bahn-Tonnenkilometersatzes transportirt werden[38]), und würden von Augsburg und München die Güter der Spezialtarife II, III und von Ingolstadt die Güter des Spezialtarifs III vortheilhafter per Bahn von Mannheim bezogen werden. Die Rechnung verbessert sich aber auch für diese Güter, insofern bei der Eisenbahn noch die Abfertigungsgebühr einzurechnen ist. Für die einigermaßen höherwerthigen Güter und bei Ansbach, Nürnberg, Regensburg, Weiden stehen die Transport-Relationen dagegen durchweg günstig. Für die Konkurrenz mit dem Seewege ist das Tarifverhältniß selbst auf der ungekürzten Donau-Mainwasserstraße kein ungünstiges. Denn die Seeschifffahrt macht eben einen noch viel größeren Umweg. Es betrugen die Frachten für Getreide per Tonne vom Schwarzen Meere über Rotterdam bis Mannheim in den Jahren 1888—91 zwischen 17,43—20,09 Mk. Sollte es einer Dampfschifffahrts-Gesellschaft in Zukunft möglich werden, auf der regulirten Donau um 0,5 Pfg. das Tonnenkilometer von der Sulinamündung bis Regensburg zu fahren, so wären das 13,87 Mk., bis Kelheim 14,04 Mk., bis Nürnberg (auf der Kanalstrecke 1,5 Pfg. gerechnet) 15,76 Mk., bis Würzburg 18,81 Mk. Freilich ist hiebei zu beachten, daß von Odessa bis Sulina noch 182 km sind, die aber bei der Seeschifffahrt nur wenig ins Gewicht fallen und unter Umständen nicht mehr wie 1 Mk. Mehrkosten verursachen. Analog liegt die Sache bezüglich des russischen Petroleums, das die Dampfschifffahrtsgesellschaft über Wien hinaus nicht mit Vortheil hat bringen können; wenn sie jedoch später besondere Petroleumschiffe statt Fässer verwenden kann, wird sich auch das anders gestalten. Allein, selbst wenn man von der Konkurrenz mit der Seefracht absieht, soviel ist sicher, daß die Balkanländer oberhalb der Sulinamündung ihren Absatz stark auf die Donau seiten werden.

Es ist nun die Frage, ob bei diesen tarifarischen Grundlagen der zur Verzinsung eines Anlagekapitals von 130 Mill. Mk. nothwendige Verkehr gewonnen werden kann. Es müßten bei einer Gebühr von 0,7 Pfg. zu einer leidlichen Verzinsung und Amortisation 1,5 Mill. Tonnen die ganze Wasserstraße jährlich durchlaufen; nach den Berechnungen von Schanz[39]), die er selbst als eine vorsichtige Aufstellung bezeichnet, sind 1,5 Mill. Tonnen, mit Einschluß des Floßverkehrs 1,7 Mill. Tonnen als Gesammtverkehr der Wasserstraße sicher. Dabei ist aber Voraussetzung, daß ein so großer Verkehr die ganze Wasserstraße durchläuft und das läßt sich nicht annehmen, allein dafür ist dieses der Anfangsverkehr und mit den Jahren, d. h. schon bis zur Zeit der Vollendung des Baues der ganzen Main-Donauwasserstraße doch sicherlich eine Steigerung des Verkehrs überhaupt zu erwarten.

Nach diesen Berechnungen von Schanz wäre einem Ausbau der ganzen Main-Donauwasserstraße auch bei Belassung all' der großen Krümmungen des Maines eine gewisse Rentabilität gesichert. Und wenn es auch nur 2—3 % sind, welche zunächst und auf Grundlage gegebener Verkehrsverhältnisse zu erzielen wären, so ist zu bedenken, daß sich unsere Bahnen trotz aller Ueberschüsse, welche jetzt einzelne Jahrgänge aufweisen, insgesammt und im Durchschnitt der Jahre auch nicht besser verzinst haben, jetzt aber, nachdem der Verkehr sich entwickelt hat, schöne Ueberschüsse einbringen, denen der Ausbau der Main-Donauwasserstraße wohl im ersten Stadium der Entwicklung wieder eine Reduzirung bringen wird. Allein es steht zu hoffen, daß die Entwicklung des Verkehrs auch diese Wunde wieder heilen lassen wird. Ohne Wunden geht es aber bei Kulturfortschritten niemals ab.

Eine andere Frage, welche zuerst von Sympher[40]) in der Zeitschrift für Binnenschifffahrt (Nr. 1 und 2) des Näheren erörtert wurde, ist die, ob sich die Beibehaltung aller Krümmungen der Main-Donauwasserstraße bei dem Ausbau derselben empfiehlt.

Die verschiedenen Abkürzungen, die Sympher in Erwägung zieht und für technisch ausführbar hält (s. das Uebersichtskärtchen), sind zumeist sehr naheliegend. Ich glaube jedoch, daß hierüber unbedingt technische, genaue Erhebungen vorliegen müssen, bevor sich etwas sagen läßt.

Sehr bemerkenswerth ist aber meines Erachtens die Berechnung Sympher's, daß bei einer Kürzung der Trace nicht blos die volkswirthschaftliche Bedeutung der Donau-Mainwasserstraße steigt, was ja sehr naheliegend ist, sondern daß auch bei einigen Kürzungen die Kosten geringer, die Rentabilität des Werkes eine größere wird. Sympher weist nach, daß bei dem Ausbau gewisser Abkürzungstracen der Main-Donauwasserweg „selbst bei voller 4 %iger Verzinsung seines Anlagekapitals im Stande ist, Frachtsätze zu bieten, welche in den meisten Fällen niedriger sind, als die niedrigsten Ausnahmetarife der Eisenbahnen, ja selbst meist niedriger, als diejenigen Selbstkostensätze, auf welche die Eisenbahnen zurückgreifen können, wenn sie auf einen nennenswerthen Beitrag zur Verzinsung ihres Anlagekapitals verzichten."

Wenn sich so bewährte Autoritäten auf nationalökonomischem und technischem Gebiete wie Professor Schanz und Wasserbauinspektor Sympher in solcher Weise aussprechen, so darf das Projekt einer deutsch-österreichischen Transitwasserstraße vom Rhein zur Donau, wenn auch das Studium desselben noch lange nicht beendet ist, doch gewiß nicht mehr zu den reinen Chimären gerechnet werden. Höchst wünschenswerth wäre es, wenn auch das Main-Donaukanalprojekt in ähnlicher Weise wie die österreichischen Kanalprojekte durch technische und statistische Kommissionen weiter gefördert würde.

Aber selbst, wenn es nicht gelingen sollte, vom Main zur Donau eine deutsch-österreichische Transitstraße auszubauen, so verbleibt die Kanalisirung des Mains in ähnlicher Weise wie in Oesterreich bei dem Donau-Elbekanalprojekte die Kanalisirung der Moldau, ein volkswirthschaftlich hochbedeutsames Werk für sich. Schanz hat dies in dem dritten Bande[41]) seiner Studien über die bayerischen Wasserstraßen eingehend nachgewiesen und sein Urtheil über die Mainkanalisirung bis Würzburg in folgenden Sätzen zusammengefaßt: „Selten ist man in der Lage, Ackerbau, Industrie und Handel durch einen Fluß gleichmäßig zu fördern. In der Regel muß das eine oder andere Interesse verletzt oder wenigstens vernachlässigt werden. Bei der Kanalisirung des Maines aber kann, wenn sie mit voller Umsicht durchgeführt wird, allen drei Erwerbszweigen Rechnung getragen werden. Man sollte meinen, die Kanalisirung bis in's Herz von Franken geführt, müßte so eine Quelle des Wohlstandes und reicher Erwerbsthätigkeit werden."

Ich füge noch hinzu, daß gerade die Industrie in Franken und Bayern einen Aufschwung sehr nöthig hat, daß dieselbe aber unter dem kostspieligen Bezug von Kohlen, Eisen und anderen Rohmaterialien und beim Versandt unter der großen Entfernung vom Meere schwer zu leiden hat. Bedenken Sie nur den Unterschied der Kohlenpreise.

Während in Nürnberg unter Verwendung von Saar- und böhmischer Kohle die Kosten der Verdampfung von 1 cbm Wasser sich auf etwa 2 Mk. belaufen, stellen sich dieselben in Dresden, wo ebenfalls noch böhmische, dann Chemnitzer und Zwickauer Kohlen verbraucht werden, auf etwa 1 Mk., in Gustavsburg bei Mainz auf 0,9 bis 1 Mk., so daß also der Preis von 1 cbm Dampf in Mittelbayern doppelt so hoch kommt, wie in den Gegenden, die auch noch nicht zu den besten in dieser Beziehung zu rechnen sind.

Ich komme zum Schlusse. Ich glaube, Ihnen gezeigt zu haben, daß das Studium der drei deutsch-österreichischen Kanalprojekte stetig fortschreitet. Im ersten Stadium eines so großen Projektes haftet demselben mancherlei an, was noch nicht rein verstandsgemäß lösbar ist. Man muß viel mit Analogie operiren und oft mit dem Instinkt das Richtige treffen. Aber allmählig muß das Studium eines solchen Millionenprojektes dahin führen, daß alle Fragen licht und klar rechnerisch gelöst sind.

Ein Moment tritt bei all' dem auffallend hervor. Es ist die außerordentliche Aehnlichkeit der Verhältnisse, mit welchen bei den vier großen mitteländischen Projekten gerechnet werden muß.

Es sind dieselben technischen Fragen, welche dem Studium der großen Kanalprojekte zu schaffen machen. Es gilt vor Allem, die richtigen Dimensionen zu finden, welche nicht blos einem ideal gedachten Kanal, sondern auch den anschließenden Strömen[42]) entsprechen. Ein Fehler in dieser Hinsicht kann ein ganzes Werk illusorisch machen. Während z. B. der Ludwigskanal eine normale Wassertiefe von 1,31 m besitzt, hat der Main oberhalb Würzburg bis Bamberg nur eine Minimalwassertiefe von 0,6 m und nur bei gutem Mittelwasserstande eine Tiefe von 1,5 m; unter Würzburg bis Frankfurt 0,7—0,9 m Minimal- und 1,5—1,8 m Mittelwassertiefe. Bei der Donau sind die Minimal- und Normalwassertiefen bei Regensburg 1,0 und 1,7, unterhalb Straubing 1,25 und 2,0, bei Passau 1,25, und 2 m. Die Donau von Regensburg abwärts und die Elbe von Hamburg bis Melnik haben Schiffe bis zu 600 und 800 Tonnen. Die Oder von Stettin bis Breslau, die Moldau, die Havel-Spreewasserstraße haben Schiffe bis 500 Tonnen. Der Rhein hat dagegen ganz bevorzugte Verhältnisse[43]), auf ihm verkehren 1400-Tonnenschiffe bis Speyer, 1100-Tonnenschiffe bis Lauterburg, 800-Tonnenschiffe bis Straßburg. Es wird also auch ein Elbe-Donaukanal nicht die Dimensionen eines Rhein-Donaukanales brauchen; es wird sich vielmehr eine ost- und westdeutsche Wasserstraßengruppe herausbilden. Aber innerhalb der Gruppe, deren Ausdehnung durch wirtschaftliche Berechnung festzustellen ist, muß Einheitlichkeit angestrebt werden. Der Oder-Donaukanal muß mit der kanalisirten oberen Oder und mit dem Oder-Spreekanal harmoniren, der Main-Donaukanal der Zukunft muß im Großen und Ganzen mit der Rhein-Großschifffahrt rechnen und die anschließende Donau muß deshalb auch noch ganz wesentlich vertieft werden, wenn man eine einheitliche deutsch-österreichische Transitwasserstraße herstellen will. Ob man unter diesen Umständen in Bayern nicht zielbewußter arbeiten würde, wenn man die Millionen, die zur Zeit am Main „verbaggert" und „versprengt" werden, der Donau zuwenden und dafür sofort mit der Aufstauung des wasserarmen Maines mittels Nadelwehren beginnen würde, das ist eine Frage, deren Lösung sich aus dem Vorhergesagten ergibt, denn bei der Donau wäre Hoffnung vorhanden, daß das Ziel einer ausreichenden Vertiefung des Flusses durch Baggerungen und Sprengungen wenigstens annähernd erreicht wird.

Eine andere prinzipielle Frage, ob denn überhaupt die großen Schiffe die ökonomisch richtigen seien, kann ich hier nur streifen mit der Bemerkung, daß diese Frage zu bejahen ist, daß aber auch auf diesem Gebiete die Bäume nicht in den Himmel wachsen[44]).

Im engsten Zusammenhange mit der wichtigen Bemessung der Dimensionen stehen die Wahl der Schiffsgröße, Feststellungen bezüglich des Zugswiderstandes, der höchstmöglichen Geschwindigkeit, die Reduzierung des Zeitverlustes beim Kreuzen der Schiffe, beim Ein- und Ausladen u. s. w. Die Verringerung der Wintersperre ist ein weiteres Problem. Ein gemeinschaftlicher Gegenstand des Studiums der drei Kanalprojekte ist die Ermittlung des besten Systems zur Ueberwindung hoher Wasserscheiden, insbesondere bei Wassermangel und im engsten Zusammenhange damit steht die Frage nach dem besten Schiffszug auf Kanälen.

Was den Bau der Kanäle anlangt, die einen Schnellbetrieb zulassen sollen — in diese Wendung kann man jene Fragen zum Theil zusammenfassen — so ist auch durch den letzten Binnenschifffahrtskongreß die Frage noch nicht ganz gelöst worden[45]). Bezüglich des Zugswiderstandes sind die am Ober-Spreekanal angestellten Versuche[46]) zur Begründung einer allgemeinen, brauchbaren Formel für den Zugswiderstand anscheinend nicht ausreichend gewesen. Am wichtigsten dürfte die in Holland in neuerer Zeit gemachte Beobachtung sein, wonach einem Verhältniß des Kanalquerschnitts zum eingetauchten Schiffsquerschnitt eine bestimmte, überhaupt erreichbare Geschwindigkeit entspricht, welche durch eine Steigerung der maschinellen Kraft (beim Schraubendampfer) nicht wesentlich erhöht werden kann. Alle bisherigen Beobachtungen sind aber wohl kaum ausreichend, um schon jetzt zur sicheren Bestimmung eines nach allen Beziehungen günstigen Kanalquerschnitts benutzt werden zu können.

Die Aufgabe, welche der Kanaltechnik gestellt ist, ist eine für den wirthschaftlichen Aufbau eines Projektes grundlegende.

Es ist, wie Gröhe[47]) ausführt, bei gegebener Verkehrsgröße der Querschnitt eines Kanals, sowie die zweckmäßigste Form und Geschwindigkeit des Schiffes so zu bestimmen, daß die Anlage- und Unterhaltungskosten des Kanals und des Schifffahrtsbetriebes ein Minimum werden. Bei Bestimmung des Kanalquerschnitts ist die Fahrgeschwindigkeit des Schiffes von entscheidendem Einfluß, wobei zu beachten bleibt, daß ein schneller und regelmäßiger Betrieb vorzugsweise nur für Kanäle in Frage kommt, auf denen ein größerer Verkehr entweder bereits vorhanden ist, oder zu erwarten steht. Die Steigerung der Betriebsgeschwindigkeit ist begrenzt:

1. Durch die Art der Befestigung der Uferböschungen.
2. Durch die Größe des Kanalquerschnittes selbst.

4*

Beim Betrieb der Schifffahrt mit Schraubendampfern wird selbst unter der Voraussetzung hinreichend widerstandsfähiger Ufer die Steigerung der motorischen Kraft über ein gewisses Maß hinaus nur den todten Gang der Schraube steigern und den Angriff der Wellen auf die Uferbefestigung verstärken. Von der Vermehrung der Geschwindigkeit ist aber die Leistungsfähigkeit des Kanals abhängig, sobald die Größe der Transportgefäße ungeändert bleibt.

Wie man sieht, ist der Begriff der Leistungsfähigkeit eines Kanals von mancherlei technischen Gesichtspunkten aus zu beleuchten. „Unter⁴⁸) der theoretisch größten Leistungsfähigkeit des Kanals wird bei gegebener Art des Betriebs und Größe der Transportgefäße diejenige Zahl Tonnenkilometer zu verstehen sein, welche von vollbeladenen Schiffen bei regelmäßigem Betriebe in der Zeiteinheit mit einem Minimum an Fahrtdauer für das einzelne Schiff geleistet werden kann. Von mehreren Kanälen von gleicher Verkehrsgröße und gleichen Transportgefäßen ist also der am leistungsfähigsten, welcher die durchschnittliche kilometrische Verkehrsgröße mit der kleinsten Schiffszahl bewältigt. Die effektive jährliche Leistung eines Kanals wird natürlich stets sehr viel niedriger sein, als die theoretisch mögliche Leistung, doch sollte man durch Beseitigung der schwierigsten Schifffahrtsverhältnisse, durch Einführung eines regelmäßigen Betriebs und durch Verbesserung der Verfrachtungseinrichtungen der theoretischen Leistung näher zu kommen versuchen. Die Untersuchung wird noch weit verwickelter, sobald über die zweckmäßigste Tragfähigkeit der Schiffe beim Bau neuer Kanäle vorerst eine Entscheidung getroffen werden muß, da von der Größe und Form der Schiffe der Kanalquerschnitt in erster Linie abhängig ist. Es ist klar, daß bei kleineren Schiffen der Kanalquerschnitt kleiner bezw. die zulässige Betriebsgeschwindigkeit größer werden kann. Zudem hat die Tragfähigkeit der Schiffe ihre Grenze in der wirthschaftlichen Ausnutzung des Laderaumes, d. h. der Verfrachtungsgelegenheit. Andererseits wachsen die Betriebskosten für kleine Schiffe pro Tonne sehr rasch. Es wird also eine generelle Entscheidung kaum möglich sein, sondern nur von Fall zu Fall, unter Berücksichtigung der wirthschaftlichen Verhältnisse und der Lage anschließender Wasserstraßen und ihrer Querschnittsgrößen."

Bezüglich der Kanalbreite und der Beeinträchtigung der Kanalleistungsfähigkeit durch das Kreuzen der Schiffe macht Größe eingehende Untersuchungen, denen wir Folgendes entnehmen: „In den Kanälen mit meist sehr knapp bemessenem Wasserquerschnitt tritt dem Bestreben, nicht allein die Tragfähigkeit der Schiffe, sondern auch ihre Geschwindigkeit zu erhöhen, ein bislang wenig beachtetes Hinderniß in den Weg, nämlich die Geschwindigkeitsverluste beim Kreuzen der Schiffe. Es ist von vornherein ersichtlich, daß die Zahl der Kreuzungen in's Riesige wachsen muß, wenn der Kanal bei großer Verkehrsmenge nur mit sehr mäßiger Geschwindigkeit befahren werden kann, und zwar umsomehr, je kleiner die Tragfähigkeit der Schiffe ist, weil dann die Zahl der erforderlichen Schiffe größer sein muß. Obwohl bei den Verhandlungen des Kongresses in Wien die Behauptung unwidersprochen blieb, daß Schiffskreuzungen für die Querschnittsbestimmung ganz nebensächlich seien, sobald der Gesammtspielraum zwischen den Schiffen, bezw. Schiff und Böschung in der Ebene der größten Tauchtiefe der Schiffe 3,0 m beträgt, so läßt sich doch nach Obigem vermuthen, daß der Einfluß dieser Kreuzungen bei derartig engen Kanälen wesentlich in Betracht kommt. Bei einem so engen Kanale, welcher nur geringe Spielräume zwischen Schiffen und Ufer gewährt, wird man schon durch eine kleine Vergrößerung dieser Spielräume eine erhebliche Steigerung der zulässigen Betriebsgeschwindigkeit an der Kreuzungsstelle ermöglichen. Bei dem als Beispiel angenommenen Profil von 14 m Sohlenbreite wird voraussichtlich schon eine relativ geringe Verbreiterung um 2,0 m die Kreuzungsnachtheile sehr erheblich ermäßigen, da unter Beibehaltung eines mittleren Spielraumes von 1,0 m zwischen den Schiffen die Spielräume zwischen Schiff und Böschung verdoppelt werden. Zur Bestimmung der Rentabilität einer Verbreiterung um 2,0 m sei auf Grund von überschläglichen Berechnungen für Kanäle von ähnlichen Abmessungen die Annahme gemacht, daß die Baukosten für das Kilometer 300 000 Mark betragen und daß die Kosten für jedes Meter Mehrbreite innerhalb der hier in Betracht kommenden Grenzen auf rund 2 % der Bausumme geschätzt werden können. Mithin müssen zur 4 % igen Verzinsung und Amortisation dieses Mehrbaukapitals die durch eine Verbreiterung um 2,0 m erzielten Ersparnisse eine Höhe von $2 . 300\,000 . \frac{2}{100} . \frac{4}{100} = 480$ Mk. erreichen. Dies geschieht für eine zulässige Betriebsgeschwindigkeit von 1,0 m bei einer Verkehrsgröße von rund 1,0 Mill. Tonnen, für 1,4 m Geschwindigkeit bei rund 1,1 Mill. Tonnen." Größe folgert, „daß bei engem Profil zur Vermeidung von andauernden Stopfungen, die mit erheblichem Zeitverlust für die Schifffahrt verknüpft sind, jedenfalls erheblich früher zum Bau der zweiten Schleusen, bezw. zur Einführung des Nachtbetriebs übergegangen werden muß, als im erweiterten Profil, welches eine Gleichmäßigkeit des Schiffsverkehrs gewährleistet. Durch die Verbreiterung wird auch ein ungestörtes Nebeneinandergehen von Lokalverkehr und Hauptdurchgangsverkehr ermöglicht. Sobald der Verkehr sich steigert, wird das enge Profil sich sehr bald als ungenügend erweisen und eine nachträgliche Verbreiterung erforderlich werden, welche alsdann aber nur nach völliger Beseitigung der in Ruhe gekommenen Böschungsbefestigung auf mindestens einer Seite des Kanals mit großen Kosten und Unzuträglichkeiten im Betriebe bewirkt werden kann. Hiebei würden sich überdies ungleiche Leinpfadbreiten ergeben, sobald nicht von vornherein die Nothwendigkeit der späteren Verbreiterung beim Grunderwerb und beim Bau berücksichtigt ist. Da die Möglichkeit der Vergrößerung der Transportgefäße aber im Allgemeinen nur in engen Grenzen erfolgen kann, weil die Kanäle meist mit schiffbaren Flüssen von bestimmtem Wasserquerschnitt bei Niedrigwasser eine Verbindung herstellen sollen, so wird vorerst in Erwägung gezogen werden müssen, anstatt eines dreischiffigen Kanals zwei in der Linienführung völlig getrennte zweischiffige Kanäle zu erbauen, wodurch die Sicherheit des Verkehrs gegenüber einem zwei- oder dreischiffigen Kanale in der erreichbar günstigsten Weise gesteigert wird. Es ist ferner anzunehmen, daß in Folge des Anschlusses einer größeren Zahl von industriereichen Bezirken die Mehrkosten zweier getrennter Kanäle gegenüber einem dreischiffigen Kanal durch Erhöhung der Transportmenge reichlich ausgeglichen werden."

Als neuere Mittel, welche für die Ueberwindung der Höhen bei gleichzeitiger Wassererſparniß in Betracht kommen, sind bei den erörterten Kanalprojekten die Schiffshebewerke und schiefen Ebenen zu erwägen.

Die Schiffshebewerke und schiefen Ebenen[40]) sind, trotzdem sie auch schon eine Geschichte haben, erst in allerneuester Zeit mit dem Auftauchen neuer Kanalprojekte für moderne Großschifffahrt zu besonderer Bedeutung gelangt.

Beim Binnenschifffahrtskongreß in Brüssel[80]) hatte man sich mit großer Reserve über die Anwendung mechanischer Hebevorrichtungen ausgesprochen. Anders in Paris. Hier wurde anerkannt, daß das Problem für die Errichtung von Apparaten, welche es Schiffen von 300—500 Tonnen Tragfähigkeit ermöglichen, das Gefälle von 15—20 m mittelst eines einzigen Hubes zu überwinden, als gelöst zu betrachten sei und die bisherigen Erfahrungen zu Gunsten der Wasserdruckwerke sprechen — die bekannten Apparate, welche auf dem Prinzip der hydrostatischen Waage beruhen. Nur — und dieses wurde besonders betont — verlangen die heutigen Apparate eine Vereinfachung und Verbilligung der Konstruktionstheile, welche sehr kostspielig und nicht ganz verläßlich sind.

Nach beiden Richtungen hin haben die bei der Errichtung des Hebewerkes von La Louvière (Kanal Charleroi—Mons) in Belgien gemachten Erfahrungen vortreffliche Fingerzeige gegeben und zu wesentlichen Vereinfachungen geführt. Statt mit Druckwasser werden die Schleusenthore von Hand bewegt, statt Eisen wird Stahl verwendet, um das Gewicht der beweglichen Theile des Systems zu verringen u. a. m. Die Einführung dieser Verbesserungen hatte eine wesentliche Verminderung der Baukosten zur Folge. Dieselben betrugen bei dem gedachten Hebewerke (Schiffe von 400 Tonnen auf 15,40 m gehoben) 1 404 980 Frcs., während dieselben bei dem am Kanal von Neufossé in Frankreich bei Les Fontinettes aufgestellten Elevator (Schiffe von 300 T. auf 13,13 m gehoben) 1 870 000 Frcs. ausmachten, wobei allerdings die schwierige Fundamentierung und die hohen Eisenpreise vertheuernd gewirkt hatten.

Doch blieb man auf dem Wege des Fortschritts nicht stehen, denn es galt noch mannigfache Aufgaben zu lösen: die Unterdrückung der Hebethore der Kammern, welche ein störendes und gefährliches Element des Apparates bilden, die Vereinfachung in der Anlage der Pressen, die Vermehrung der Stützpunkte resp. der die Schleusenkammer tragenden Preßkolben, die bessere Führung derselben, die solide Ausführung der Preßzylinder in Bezug auf Dichtigkeit und Widerstandsfähigkeit durch Anwendung von Stahlreifen, die Verminderung der Dimensionen der Presse und aller Theile des Apparates, welche anfänglich wegen mangelnder Erfahrung und übertriebener Sicherheit in zu starken Maßen gehalten worden sind. Die Einführung dieser Verbesserungen wurde auf den drei Elevatoren angestrebt, welche auf dem Kanal du Centre in Belgien zur Ausführung gelangten. Die Frage der Vereinfachung und Verbesserung der bestehenden Apparate, im Interesse der billigeren Herstellung, führte in Bezug auf die besten zu diesem Zwecke führenden Mittel zu Meinungsverschiedenheiten zwischen den Referenten beim Pariser Binnenschifffahrtskongreß. Der erste (Cabart-Rouen) schlug vor, die Doppelschleuse zu unterdrücken und empfahl zu diesem Behufe, das Gefälle zu theilen und zwei durch eine Druckleitung nach der ganzen Länge der dazwischen liegenden Kanalhaltung verbundene Schleusen zu errichten. Der zweite Referent, Dufourny-Brüssel theilte diese Ansicht nicht. Er sagte, das Hebewerk mit gekuppelter Schleuse habe sich bereits bewährt, während dies bei den zwei durch eine Kanalhaltung und Druckleitung getrennten nicht der Fall wäre. Andere Systeme könnten zu dem gewünschten Ziele führen, z. B. das eines Hebewerkes mit einer einzigen durch Schwimmer getragenen Schleuse. Dieses von Maus im Jahre 1878 vorgeschlagene System sei später durch Seyrig in seinen Einzelheiten studiert worden. In Deutschland sei diese Idee von dem Gruson'schen Werke in Magdeburg im Jahre 1885 wieder aufgegriffen worden. Dasselbe habe mit unwesentlichen Aenderungen in der Anordnung der Schwimmer das Projekt eines Hebewerkes für Schiffe von 1000 Tonnen Gehalt entworfen und sich anheischig gemacht, den Apparat um einen bestimmten Pauschalbetrag auszuführen. Diese Thatsache spreche dafür, daß die Herstellung von schwimmenden Hebewerken nicht unmöglich sei[51]).

Was die geneigten Ebenen betrifft, so wurde anerkannt, daß dieselben unter Umständen die gleich guten Dienste zur Ueberwindung großer Gefällsunterschiede leisten können, wie die erwähnten Hebewerke und wurde daher das Studium derselben bestens empfohlen.

Mit dem Pariser Binnenschifffahrts-Kongreß war auch die Besichtigung eines Hebewerkes verbunden. Bömches erzählt darüber Folgendes: „Der Besuch des Wasserdruckhebewerkes bei Les Fontinettes auf dem Kanal von Neufossé galt der ersten Herstellung einer solchen Anlage in Frankreich. Sie ist nach dem bekannten System der englischen Schleuse in Anderton, jedoch in größeren Verhältnissen, ausgeführt, um den auf den nördlichen Kanälen Frankreichs üblichen Fahrzeugen von 38,5 m Länge und 300 Tonnen Tragfähigkeit dienen zu können. Die bauliche Ausführung des seit April 1888 in Betrieb stehenden Werkes ist eine vorzügliche und die Funktion desselben eine anstandslose. Es war in der That imposant, die ruhige Bewegung der riesigen Kammern (Gewicht sammt Wasser und Fahrzeug ca. 800 Tonnen) mit der Sicherheit eines Uhrwerkes hinauf- und hinabgleiten zu sehen. Die Zeitdauer für die Förderung aus einer Kanalhaltung in die andere (Gefälle ist 13,13 m) ist verschieden, je nach den Dimensionen und der Ladung der Barken und wechselt von 13—38 Minuten."

In den letzten zwei Jahren war man abermals bestrebt, das Schiffshebewerk und die schiefe Ebene weiter zu entwickeln und ist namentlich der erwähnten Konstruktion eines auf eisernen Schwimmern ruhenden Schiffshebewerkes das Interesse der Fachleute immer mehr zugewendet worden.

Eine weitere technische Frage, welche wirthschaftlich von größter Bedeutung ist, betrifft den Schiffszug auf Kanälen. Bekanntlich haben wir verschiedene Schiffsmotoren im Allgemeinen, aber der eigentliche Kanalschiffsmotor muß erst noch gefunden werden. Triebseilzug und Lokomotivzug, womit auf dem Oder-Spreekanal von der preußischen Regierung Versuche angestellt worden sind, sind noch zu kostspielig; die todte Last beim Seilzug, der Kraftverlust beim kontinuirlichen Betrieb tragen hauptsächlich die Schuld daran[52]).

Weitere eingehende Mittheilungen über die Versuche mit dem elektromagnetischen Schiffszug enthält eine soeben erschienene Schrift von Bouvet[53]). Für uns am wichtigsten ist die in Kapitel V beantwortete Frage (S. 30 ff.) »quels seront les frais d'installation et les depensens d'exploitation du système que nous venons de dérire?« Bouvet legt eine Kanalstrecke von 50 km mit einem Jahresverkehr von 2,8 Tkm zu Grund, berechnet 1 250 000 Fr. also 25 000 Fr. pro km Anlagekosten und kommt zu dem Resultate, daß die »propulsion par hélice« (Schraube) wenigstens 26% theurer kommt, als seine Touagetraction.

Während der Triebseilzug einen Hauptgegenstand des Pariser Kongresses bildete, hatte der elektrische Schiffszug in hervorragender Weise den letzten Kongreß beschäftigt. Bezüglich des Triebseilzuges wurde bemerkt[54]):

„Dieser Gegenstand kann augenblicklich als erschöpft betrachtet werden und man muß, bevor man darauf zurückkommt, erst abwarten, daß die praktische Anwendung dieses sinnreichen Systems ein entscheidendes Resultat ergibt."

Der Versuch mit elektro-magnetischem Schiffszug hatte inzwischen von sich reden gemacht. In dem Referate von Hirsch und de Mas wird hierüber Folgendes ausgeführt:

„In Bezug auf den Schiffszug auf den Kanälen ist ebenfalls seit dem letzten Kongreß ein wichtiger Fortschritt gemacht worden; es ist dies die Einrichtung der elektrischen Tauerei in der Scheitelhaltung des Burgunder Kanals. Diese Anwendung der Elektrizität bei der Schifffahrt, welche mit bestem Erfolg gemacht worden ist, ist von bester Vorbedeutung. Doch kann die Frage des Ziehens auf den Kanälen noch nicht als gelöst betrachtet werden. Bei Pouilly geschieht die Schifffahrt in Zügen und es handelt sich auf den Kanälen um den Schiffszug allein fahrender Schiffe. Es ist ferner zu bemerken, daß diese Frage nicht ausschließlich als eine rein technische Frage zu betrachten ist, um eine gute Lösung zu finden; das Problem sollte deutlich aufgestellt werden, es ist aber mit zahlreichen Rücksichten verbunden, welche gar nichts mit der Ingenieurkunst gemein haben und die man nicht außer Acht lassen darf, selbst wenn man sich nur an das Studium des Schiffszuges vom Ufer aus hält. So bilden beim gegenwärtigen Zustand der Dinge die Zugskosten nur den kleinsten Theil der Frachtkosten; die andern Kosten nehmen nicht mit der Entfernung, sondern mit dem Zeitaufwande zu. Um sie merklich vermindern zu können, wäre nicht allein eine Vermehrung der Fahrgeschwindigkeit genügend; man müßte vor Allem die verlorene Zeit wieder einholen, welche von verschiedener Art ist; diese Aufgabe fällt besonders der Verwaltung und der wirthschaftlichen Ordnung anheim. Von jedwedem Standpunkt aus scheint **der mechanische Schiffszug an Stelle des Zuges durch Pferde oder Menschen, die wahre künftige Lösung zu sein** und dem herrlichen Schifffahrtsstraßennetz, welches unser Land aufweist, seinen Werth geben zu können. Doch wie viel Hindernisse sind noch vor der Erreichung dieses Zieles zu überwältigen! Umsturz der alten Gewohnheiten, Verletzung wichtiger und ansehnlicher Interessen, wirthschaftliche und rechtliche Streitigkeiten u. s. w. Eine gründliche Umbildung, fast eine Revolution! Trotz der Schwierigkeiten wird die Lösung der Frage mit Eifer verfolgt. Augenblicklich scheinen zwei Lösungen um den Vorrang zu kämpfen. Die eine mit endlosem Seil ist einem praktischen und langen Versuche unterworfen worden, welcher ungeachtet einiger kleinerer Fehler den hohen Werth dieses Systems anzuerkennen erlaubt hat, die andere, der magnetoelektrische Schiffszug ist noch im Projekt, scheint aber nach den neuesten Fortschritten auf dem Gebiete der Elektrizität gute Aussicht auf Erfolg darzubieten."

Auch in der Frage nach dem besten Schiffszug spielen demnach andere technische und wirthschaftliche Fragen wieder herein. Von welch großer Bedeutung z. B. die Art und Form des Schiffes für den Schiffszug ist, ergibt sich aus den auf französischen Kanälen angestellten Versuchen[55]) Da wurde z. B. konstatirt, daß der Gesammttreibungswiderstand eines Schiffes sich um 30 °/₀ veränderte durch die einzige Thatsache, daß man die ziemlich rauhe Oberfläche des Schiffskörpers durch eine vollständig glatte Wachsleinwand ersetzt hatte.

Man sieht aus alledem recht deutlich, wie im Verkehrswesen Technik und Nationalökonomie in einander übergreifen und wie falsch es ist, ausschließlich aus historischem Material zu einer Wissenschaft vom Verkehr gelangen zu wollen. Da kann es einem sonst passiren, daß man nur rückwärts blickend die ganze lebensvolle Wirklichkeit mit all' ihren technischen Bestrebungen und Fortschritten übersieht.

In wirtschaftlicher Beziehung sind bezüglich der deutsch-österreichischen Kanalprojekte noch eine ganze Reihe von Monographien erwünscht über einzelne Fragen und Relationen. Das Studium der vier mittelländischen Kanalprojekte — ich meine hiebei nicht das nordbeutsche, sondern das europäische Mittelland — ist in dieser Beziehung noch lange nicht abgeschlossen. Aber auch die wirthschaftliche Projektirung bedarf einer gewissen einheitlichen Organisation. Außerdem pflegen sich die betreffenden Schriften auf einzelne wirthschaftliche Details zu beschränken, die ja an und für sich ganz werthvoll sein mögen, die aber an sich keine erschöpfende Begründung bedeuten. Auch in dieser Beziehung gibt es eine Reihe gemeinschaftlicher Aufgaben bei den vier Kanalprojekten.

Bei allen herrscht das Bestreben vor, eine Rentabilität, Verzinsung und Amortisation des Anlagekapitals nachzuweisen. Die Abgabenfrage spielt deshalb eine große Rolle. Mit Recht hat Decking-Dura beim Haager Kongreß [56] darauf hingewiesen, daß die Frage der Kanalstaffeltarife erst bei den großen deutschen Kanalprojekten eine brennende wird, weil außerdem bei den großen Entfernungen die Abgaben bei gleichem Streckensatz zu hoch würden. Ein fernerer Gegenstand des gemeinschaftlichen Studiums ist die Konkurrenz des Seewegs; beim Mittellandkanal die Ost-Nordseeroute, die nach Eröffnung des Nord-Ostseekanals und bei einer zukünftigen direkten Seeschifffahrt nach Köln noch verschärft wird, bei den deutsch-österreichischen Projekten die Konkurrenz mit dem Seeweg Gibraltar—Galatz—Odessa. Es ist das Verhältniß gegenüber den Eisenbahnen am konkreten Material noch in manchem Punkte klar zu stellen. Wie steht es z. B. mit der fable convenue, daß erst bei 25 % Minderkosten die Güter die Eisenbahn verlassen und auf die Wasserstraßen übergehen?

Welches Verfahren ist bei der Ermittlung dieses Verkehrs einzuschlagen? Wenn einfach ein Prozentsatz des Eisenbahnverkehrs angenommen werden darf, welcher darf bei diesen Kanalprojekten, die mit anderen Eisenbahnverhältnissen zu rechnen haben, als z. B. französische und amerikanische Kanäle, zu Grunde gelegt werden? Solche und ähnliche Fragen ergeben sich eine ganze Menge und harren zum Theil in der Beantwortung noch jener Exaktheit, welche die Kräfte und Hilfsmittel eines Einzelnen übersteigt.

M. H.! Wir dürfen nicht Verkehrspolitik treiben wie etwa Agrarpolitik in manchen Versammlungen des Bundes der Landwirthe getrieben wird. Wir müssen es als unsere erste Aufgabe betrachten, das Studium der einzelnen Projekte mit aller Objektivität gewissenhaft zu betreiben. Dann aber dürfen wir auch auf die Verwirklichung unserer großen Projekte hoffen und mit dem fortschreitenden Studium diese Hoffnung mit mehr oder weniger Temperament aussprechen und auch in anderen erwecken. Wenn in unseren Parlamenten lauter Engel und nicht auch außer den Engeln, die ja sicher darunter sind, auch — Menschen sitzen würden, wenn alles, was im staatlichen Leben

als vernünftig nachgewiesen ist, auch sofort ausgeführt würde und werden
könnte, dann könnten wir uns auf das Studium unserer Projekte beschränken
und auf die Agitation verzichten. Die Thätigkeit des Gelehrten ist ja ent=
schieden angenehmer und dankbarer, als die vielgeschmähte Thätigkeit des
„Agitators": aber meine Herren, wenn es nur Gelehrte geben würde, würde
die Weltgeschichte stille stehen, es muß auch außer solchen, welche die Facta
der Geschichte und der Gegenwart registriren, kritisiren und aus denselben
Theorien abstrahiren, Menschen der That geben, welche diese Facta ausführen.
Wir haben auch in unserer wissenschaftlichen Nationalökonomie neben
einem Rau einen List! Die Agitatoren brauchen also nicht immer unwissen=
schaftlich vorzugehen. In der Form freilich werden sie allzeit etwas mehr auf
einen größeren Kreis zu wirken suchen, aber das ist kein Fehler, das könnte
manchmal der Wissenschaft auch nicht schaden, die Lederuheit des Styles ver=
bürgt noch nicht die Wissenschaftlichkeit der Darstellung. So muß also Studium
und Agitation Hand in Hand gehen. Aber nur dann, wenn das Studium
fortschreitet, wird die Agitation berechtigt, nur dann wird man dem Agitator
zuerkennen, daß er aus Ueberzeugung seine Sache vertritt, nur dann wird er
auch nicht blos diejenigen, „die nicht alle werden", Leute, die durch ein paar
Phrasen für Alles zu gewinnen sind, sondern auch einsichtsvolle Menschen
überzeugen können.

M. H.! Als vor 20 Jahren der Wiener Donauverein seine Thätigkeit
mit der Agitation für die Regulirung der Donau und besonders des Eisernen
Thores begann, da sprach man viel von den „Chimären phantasievoller Köpfe."
Der bekannte österreichische Nationalökonom Süß aber machte damals die schöne
Bemerkung:

„So wie der Astronomie gestattet ist, aus einer eingehenden Erforschung
der Natur des Himmels gewisse Vorhersagungen zu machen, welche den Un=
eingeweihten in Erstaunen setzen, so kann man bei einigem Studium der poli=
tischen und wirthschaftlichen Verhältnisse einer großen Monarchie auch manche
Prophezeihungen machen. Es gibt gewisse Postulate des öffentlichen Wohles,
welche sich Geltung verschaffen unter allen Umständen. Glücklich ist derjenige
Staat, in welchem die öffentliche Meinung diese Postulate rasch zu erkennen
und eine einsichtsvolle Regierung sie zur Ausführung zu bringen im Stande
ist, bevor die Schäden der Fahrlässigkeit allzugroß werden."

M. H.! Heute geht die Regulirung der Donau und des Eisernen
Thores der Vollendung entgegen! — Und so wollen wir denn hoffen, daß
nach weiteren 20 Jahren dem mächtigen Donaustrome ein zweites Eisernes
Thor, das Felsenthor der deutsch=österreichischen Mittelgebirge, geöffnet, und
daß damit abermals ein Postulat des öffentlichen Wohles verwirklicht ist.

IV.

Das Projekt eines Rhein=Weser=Elbekanals[1].

Es ist nicht bloß der Fluch der bösen That, daß sie „fortzeugend Böses muß gebären", sondern auch der Segen der guten That, daß sie in der Regel eine ganze Kette weiterer nützlicher Maßregeln nach sich zieht. Kaum ist der Nord=Ostseekanal vollendet gewesen, so folgte die Grundsteinlegung zum Elbe=Travekanal; dazu kam in den letzten Tagen die Eröffnung der Schiffahrt auf der kanalisirten Fulda, einem Gliede des größeren Projektes einer völligen Schiffbarmachung der Weser und mit diesem Projekte steht wieder in engster Verbindung das Projekt eines Rhein=Weser=Elbekanals, welches in der nächsten Zukunft sicherlich ebensoviel von sich reden machen wird, als in der jüngsten Vergangenheit der Nord=Ostseekanal.

Der Mitlebende sieht die einzelnen Ereignisse, der Historiker die Epoche. Der zukünftige Culturhistoriker wird finden, daß wir in verkehrspolitischer Beziehung mitten darinnen in einer Epoche leben, welche sich nach dem in der Hauptsache vollendeten Ausbau des Eisenbahnnetzes das Ziel setzte, dieses durch ein dem modernen Dampfmotor entsprechendes Wasserstraßennetz zu ergänzen und in der Bewältigung des Verkehrs eine allgemeine Arbeitstheilung zwischen Eisenbahn und Wasserstraße herbeizuführen. Er wird die Bewegung als eine in dem Verlauf der Culturentwicklung wohl begründete erkennen.

Dies ist wenigstens mein Glaube und wer mit mir dieses Glaubens ist, wird mir gerne seine Aufmerksamkeit zuwenden, wenn ich jetzt über das wichtigste norddeutsche Wasserstraßenprojekt, über den Plan eines Rhein=Weser=Elbekanals einiges erzähle:

Der älteste Vertreter der Idee eines Rhein=Weser=Elbekanals ist, was wenig bekannt ist, kein geringerer als — Leibnitz[2]. Zu ihm gesellt sich ein anderer Polyhistor der damaligen Zeit, welcher besonders zwei im Grunde gar nicht so unähnliche Wissenschaften, die Alchymie und die Nationalökonomie betrieb, J. J. Becher[3]. Dieser wollte seinen Rhein=Weser=Elbekanal übrigens nicht in der norddeutschen Tiefebene, sondern mittels des Maines, der fränkischen Saale, der Gera, Unstrut und sächsischen Saale zu Stande bringen. Verwirklicht wurden jedoch diese Projekte des 17. Jahrhunderts nicht.

Dagegen wurde bekanntlich im Osten Deutschlands unter dem großen Kurfürsten und seinen Nachfolgern besonders unter Friedrich II. ein Kanalnetz für Schiffe von etwa 150 Tonnen Tragfähigkeit geschaffen[4]. Diesem brandenburgischen Wasserstraßennetz, dessen Ausbau — durch die starke preußische

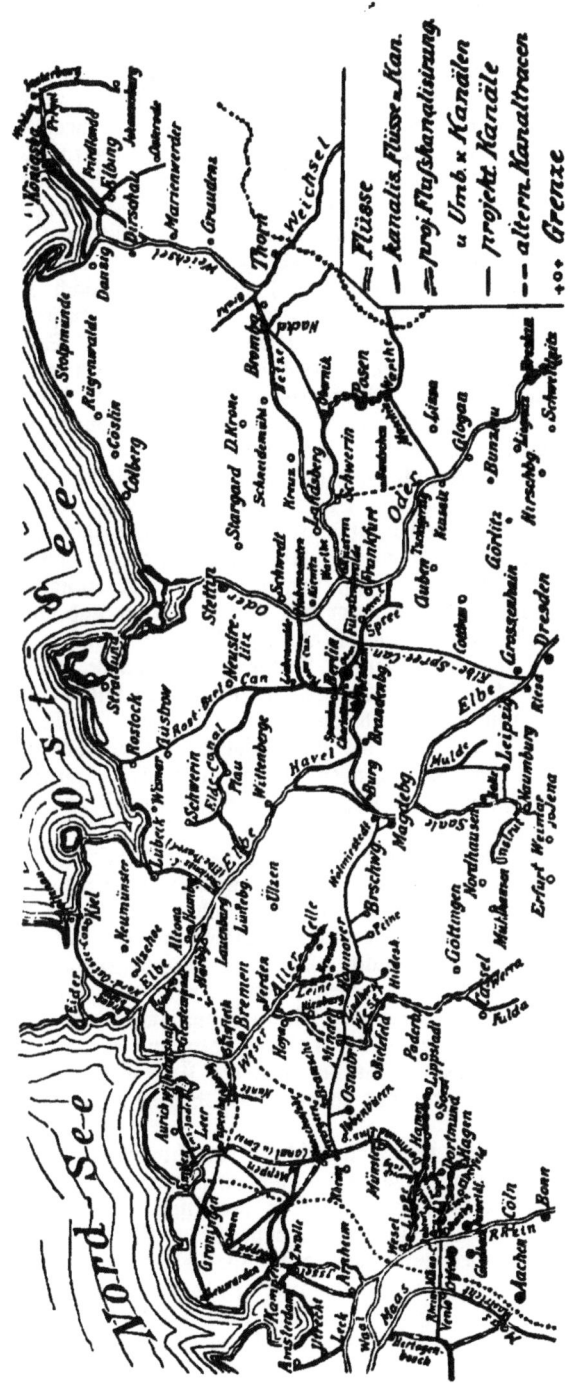

Uebersichtskarte der mittelländischen Kanalprojekte in Norddeutschland.

Territorialregierung begünstigt — in dem politisch zersplitterten und geschwächten Deutschland einzig dastand, die deutschen Wasserstraßen westlich der Elbe anzugliedern, war nun die Aufgabe der neueren und neuesten Zeit. Bei den Versuchen zur Lösung dieses großen verkehrspolitischen Problems in Norddeutschland treten frühzeitig zwei Richtungen auf, deren eine nach der Verbindung der Elbe mit der Weser und Ems im Mündungsgebiet dieser Flüsse trachtet, während die andere nach einer Trace im mittleren Lauf derselben sucht. Schon in den 1770er Jahren wurde mit dem Bau eines zugleich als Moorkulturkanal gedachten Küstenkanals[5]) von Bremen nach Hamburg begonnen, derselbe aber in Dimensionen gehalten, welche nur Schiffen von 2—3 Last die Fahrt gestatteten, während auf dem alten Stecknitzkanal Schiffe bis zu 7 Lasten und auf dem holsteinischen Nord-Ostsee- oder Eiderkanal Schiffe bis zu 50 Lasten fahren konnten[6]). Auch das im Gegensatze zu dem „Küstenkanal" als „Mittellandkanal" erscheinende Projekt einer Verbindung des mittleren Laufes der Elbe, Weser, Ems und des Rheines wurde im 18. Jahrhundert zum Gegenstand von Untersuchungen und Versuchen gemacht. Es wird sogar erzählt, daß damals ein Herzog von Braunschweig gleich Peter dem Großen, persönlich Studien in der Wasserbaukunst gemacht habe, um für eine Kanalverbindung der Stadt Braunschweig mit der Aller und Weser zu wirken. Ins 18. Jahrhundert fällt auch der Versuch, von der Ems eine Kanalverbindung mit dem Rheine herzustellen, indem unter den Bischöfen Max und Clemens von Münster von da bis Maxhafen etwa 10000 rheinländische Ruthen lang ein Kanal zu der in die Zuidersee fließenden Vechte gebaut wurde, wodurch Münster und Amsterdam in schiffbare Verbindung gesetzt werden sollten. Dieses Unternehmen ist aber aus technischen und politischen Gründen ziemlich mißglückt und der „Max-Clemenskanal" bald bis zur Unfahrbarkeit verschlammt[7]).

Erst die politische Einheit Norddeutschlands konnte das Unternehmen einer Kanalverbindung der westelbischen Gegenden mit den ostelbischen aussichtsvoll machen.

Zunächst war es die durch die Gewaltherrschaft Napoleons I. geschaffene politische Einheit, welche den Anstoß zur Wiederaufnahme des Rhein-Weser-Elbekanalprojektes im 19. Jahrhundert gab. Napoleon I. aber hat auf dem Gebiete des Kanalwesens wie auf so manchen anderen kulturellen Gebieten mehr Hoffnungen erweckt als erfüllt. Er wollte nichts geringeres als ein Kanalnetz von der Seine zur Ostsee einerseits, zum schwarzen Meere anderseits (vermittels eines Donau-Kinzig- oder auch Main-Donaukanals!) herstellen, er wollte den Rhein mit der Maas und Schelde verbinden und er wollte auch einen Rhein-Weser-Elbekanal bauen. Für den letzteren sind theils direkt von französischen Ingenieuren, theils von der westfälischen Regierung eingehende Projekte ausgearbeitet worden[8]).

Sowohl unter der französischen Gewaltherrschaft wie nach Beseitigung derselben beschäftigen sich auch deutsche Regierungen und Ingenieure mit dem Rhein-Weser-Elbekanalprojekt. Der preußische Finanzminister von Bülow ließ durch den damals berühmten bayerischen Wasserbautechniker Wiebeking[9]) ein generelles Projekt und durch den Distriktsbaumeister und Wasserbaudirektor Nauck aus Minden ein Detailprojekt für den Rhein-Weser-Elbekanal ausarbeiten. Die Trace zog sich von der Elbe bei Magdeburg mittels der Aller und Ohre zur Weser hin, in Elsfleth sollte Anschluß an das französische Ems-Weser-Rheinkanalprojekt gesucht werden[10]). Auch dieser Entwurf kam nicht zur

Ausführung und das Projekt scheint nun einige Zeit geruht zu haben, aber die rasche, durch die moderne Dampfkraft verursachte Entwicklung der rheinisch-westfälischen Industrie brachte das Rhein-Weser-Elbekanalprojekt bald wieder auf die Tagesordnung des öffentlichen Interesses. Der Westfale Fritz Harkort[11] begann im Jahre 1840 eine Agitation für den Ausbau der Wasserstraße vom Rheine zur Nord- und Ostsee, worauf im Jahre 1856 auf Anregung des Baumeisters Karl von Hartmann ein Ausschuß sich entwickelte, der auch eine Denkschrift über den Rhein-Elbekanal veröffentlichte.

Nun kommt ein wesentlicher Schritt nach vorwärts, als die preußische Regierung zu Anfang der sechziger Jahre sich zum zweitenmale entschloß, gemeinschaftlich mit der hannoveranischen ein Projekt für einen Rhein-Weser-Elbekanal ausarbeiten zu lassen. Dem Wiebeking-Rauch'schen Entwurf folgte nun ein von den Bauräthen Michaelis und Heß verfertigter[12]. Der technische Fortschritt der Zeit zeigte sich darin, daß der neue Entwurf Dimensionen für Schiffe von etwa 350 Tonnen zu Grunde legte, während die Entwürfe in den ersten Jahrzehnten des Jahrhunderts, sowohl der französische als der deutsche, mit dem alten französischen Kanaltypus, also mit Schiffen von ca. 150 Tonnen, operirte. Der politische Fortschritt trat jetzt nicht minder deutlich hervor, denn man begann jetzt im engsten Zusammenhange mit dem Rhein-Weser-Elbekanal-Projekte unter einheitlichen technischen, wirthschaftlichen und finanziellen Gesichtspunkten Entwürfe für ein gesammtes norddeutsches Wasserstraßennetz auszuarbeiten, welches mittels der Fortsetzung des Rhein-Weser-Elbekanals durch einen Rhein-Maas- und Scheldekanal (Urdingen-Venlo) sich bis nach Holland erstrecken sollte. Als erstes Glied dieses Kanalnetzes kam der Dortmund-Emskanal zur Verwirklichung, aber auch dieser erst durch Landtagsbeschluß vom Jahre 1886 (Gesetz vom 9. Juli 1886), nachdem Ende der sechziger Jahre, dann in den siebziger Jahren durch die politischen Ereignisse, durch das Eisenbahnfieber und weiterhin durch die wirthschaftliche Krisis kein rechter Boden für Verwirklichung der Kanalprojekte zu finden war. Gelegentlich des Dortmund-Emskanal wurde in Preußen die prinzipielle Frage des Kanalbaues im Zeitalter der Eisenbahnen nach heftigen Disputen im Sinne einer entschiedenen, in finanzpolitischer Beziehung vielleicht etwas zu nachgiebigen und deshalb bald zu einer Reaktion führenden Kanalfreundlichkeit gelöst. Dabei war man aber zu dem wichtigen, für die ganze neueste Kanalbewegung Grund legenden Ergebniß gekommen, daß nur Kanäle von ganz großen Abmessungen, welche die sogenannte Großschifffahrt gestatten, im Zeitalter der Eisenbahn, d. h. also wenn eine solche mit dem Kanal parallel läuft und konkurrirt, eine Existenzberechtigung haben. Der Dortmund-Emskanal wurde deshalb bei einer Tiefe von 2,5 m für Schiffe von 6—700 Tonnen Tragfähigkeit bestimmt. Um aber eine Tiefe von 3 m nach und nach herstellen und somit Schiffsgefäße von 800—1000 Tonnen Ladefähigkeit allmählich auf dem Kanal zulassen zu können, hat man die Drempeltiefe in den Schleußen und die Tiefen über Schwellen von Bauwerken und über Durchlässen und Unterführungen gleich für 3 m Wassertiefe eingerichtet. Für denjenigen, der immer noch nicht überzeugt ist, daß moderne Schifffahrt und moderne Kanäle sich zu den alten geradeso verhalten, wie die alten Poststraßen zu den modernen Eisenbahnen, sei bei dieser Gelegenheit folgendes rekapitulirt. Die Entwürfe für den Rhein-Weser-Elbekanal zu Anfang des Jahrhunderts hatten Dimensionen für 150 Tonnenschiffe (eine Tonne = 1000 Kilo), die um die Mitte des Jahrhunderts für 350 Tonnen und die am Ende des Jahrhunderts für 1000 Tonnenschiffe. Die Agitation für den Bau weiterer Glieder eines norddeutschen Großschifffahrtsnetzes wurde nun von einer ganzen Reihe entsprechender ad hoc gebildeter Interessenten-Korporationen mit großer Rührigkeit aufgenommen. Der für den Rhein-Weser-Elbekanal wirkende Verein, der sich als spezieller Ausschuß zur Förderung des Mittellandkanals von dem niedersächsischen Kanalverein abzweigte und durch Zeitungsartikel, Flugschriften und Vorträge seines Geschäftsführers Fritz Geck eine rege Thätigkeit entfaltete, brachte, Dank der Opferwilligkeit seiner Mitglieder, eine Summe von 135000 Mark zusammen, welche der preußischen Staatsregierung behufs Aufstellung eines neuen, den Dimensionen des Dortmund-Elbekanals entsprechenden technischen Projektes für den Rhein-Weser-Elbekanal zur Verfügung gestellt wurde. Die für den Bau des Dortmund-Emskanals in Münster eingesetzte k. pr. Kanalkommission wurde mit der Ausarbeitung dieses neuesten Entwurfes eines mittelländischen Rhein-Weser-Elbekanals betraut. Derselbe wurde von 1891—1893 unter Leitung von Duis und Prüsmann (Dortmund-Rheinstrecke) und Messerschmidt (Ems-Weser-Elbestrecke) fertig gestellt und bietet uns für die nachfolgende Erörterung des Rhein-Weser-Elbekanalprojektes die technischen Grundlagen[18]).

Der Rhein-Weser-Elbekanal soll zu Ruhrort den Rhein verlassen und sich zunächst in der Nähe der Ruhr hinziehen. Bald hinter Ruhrort ist der Ausgang einer zweiten Verbindung mit dem Rheine bei Neuenkamp gedacht, von welcher aus der Hafen der Stadt Duisburg angeschlossen werden kann. In der Nähe von Oberhausen wird ein Zweigkanal nach Mühlheim a. d. R. entsendet, während der Hauptkanal das Ruhrthal hier verläßt und am nördlichen Abhang des Haarstrauggebirges in der Nähe der Emscher hinziehend bei Altenessen, wo der Zweigkanal nach Essen mündet, die Höhe der Wasserscheide zwischen Rhein und Ems erreicht. In der Nähe von Gelsenkirchen zweigt der Seitenkanal nach Bochum ab. Bei Herne trifft der Emscherkanal den im Bau begriffenen Kanal von Dortmund nach den Emshäfen, welcher bis Bevergern bei Rheine einschließlich des von Henrichenburg ausgehenden Zweigkanals nach Dortmund als Theil des Rhein-Weser-Elbekanals zu betrachten ist. Die genannte Scheitelstrecke muß über Emscher, Lippe und Stever auf Brücken hinweggeführt werden; er berührt die Städte Olfen und Lüdingshausen wie die westfälische Provinzial-Hauptstadt Münster. Ferner ist die Ems zu überbrücken, an deren rechtsseitigem Thalgehänge sich die Wasserstraße hinzieht, bis in der Nähe von Bevergen die westlichen Ausläufer des Teutoburger Waldes erreicht werden. Während der Zweigkanal nach der unteren Ems von hier ausgeht, welcher den Kanal von Dortmund nach den Emshäfen vervollständigt und die Städte Lingen, Meppen, Papenburg, Leer und Emden mit dem Mittellandkanal in Verbindung bringt, verfolgt der Stammkanal den nördlichen Hang des Gebirges, entsendet bei Halen einen Hafenkanal nach Osnabrück und überbrückt die Haase. Fernerhin zieht derselbe an Bramsche, Osterkappeln, Essen, Pr. Oldendorf, Lübbecke vorüber und überschreitet in der Porta Westfalika die Weser, deren Thal und die nebenher laufende Eisenbahn auf einer hohen Brücke. Noch auf dem linken Weserufer ist die Anlage eines Verbindungskanals mit der Weser und dem nahe der Stadt Minden anzulegenden Umschlaghafen geplant. Oestlich der Weser tritt die Wasserstraße sehr bald in Schaumburg-Lippe ein und berührt die Hauptstadt Bückeburg wie Stadthagen. Bei Lindhorst wird die Provinz Hessen-Nassau erreicht, innerhalb deren Bad Nenndorf getroffen wird. Alsdann aber tritt die Schifffahrtsstraße in die Provinz Hannover ein und erreicht Linden und Hannover. Bevor hier die Ihme und die Leine überbrückt werden, ist die Mündung eines Zweigkanals über Pattensen, Sarstedt nach Hildesheim vorgesehen. In ihrer Fortsetzung soll die Wasserstraße an Misburg und Lehrte vorüberziehen, wobei letzteres durch einen kurzen Stichkanal anzuschließen ist. Weiterhin ist bei Immensen, wo zugleich der Hafen der Kreisstadt Burgdorf anzulegen ist, der Ausgang eines Zweigkanals nach der Industriestadt Peine gedacht und in der Nähe von Meinersen im Okerthale derjenige nach der Residenzstadt Braunschweig. Bald wird Gifhorn in geringer Entfernung und Fallersleben am Bahnhofe getroffen. Nachdem der Kanal bei Vorsfelde auf braunschweigisches Gebiet gekommen, tritt derselbe in der Nähe von Oebisfelde in den Drömling und zugleich in die Provinz Sachsen ein, welche er bis zu seiner Mündung in die Elbe nur in dem braunschweigischen Amte Calvörde wenige Kilometer lang verläßt. Angetroffen werden außer Calvörde noch die Städte Neuhaldensleben und Wolmirstedt. Um zwischen dem Westen und dem Osten Norddeutschlands einen ununterbrochenen Zug von Wasserstraßen herzustellen, soll der Rhein=Weser=Elbekanal bei Heinrichsberg in die Elbe eintreten, wo gegenüber bei Niegripp der Ihle=Planekanal beginnt, welcher über Brandenburg und Berlin die Elbe, Oder und Weichsel vereinigt und einen regen Schifffahrtsbetrieb unterhält. Von sehr großer Wichtigkeit für den Verkehr des Rhein=Weser=Elbekanals ist eine Verbindung mit dem Hafen zu Magdeburg. Bei den wechselnden Wasserständen und der oft sehr geringen Fahrtiefe der Elbe ist eine jederzeit freie Verbindung nur durch einen Zweigkanal zu gewinnen. Derselbe wird in der Nähe von Wolmirstedt den Hauptkanal verlassen und den neuen Hafen zu Magdeburg=Neustadt bei der Hafeneinfahrt erreichen.

Auf dieser ganzen vom Rheine bis zur Elbe 475 km. langen Trace erhält der Rhein=Weser=Elbekanal nur 8 Kammerschleusen und 3 Schiffshebewerke, wovon 2 auf die Rhein=Emsstrecke und 1 auf die letzte Kanalhaltung an der Mündung des Kanals in die Elbe bei Heinrichsberg kommen. Der Kanal hat schleusenlose Haltungen von 85 bezw. 45 und 245 km. und unterscheidet sich dadurch in vortheilhaftester Weise von den deutsch=österreichischen Kanalprojekten. Die Zweigkanäle nach Duisburg und Neuenkamp, nach Mühlheim, Essen, Bochum, Dortmund, Osnabrück, Minden, Stadthagen, Hildesheim, Hannover=Linden, Lehrte, Peine, Braunschweig, Magdeburg bieten auch keine großen technischen Schwierigkeiten, sie vermehren aber die Zahl der Schleusen; auch werden weitere Schiffshebewerke durch das Streben nach möglichstem Verkehrsanschluß nothwendig zunächst bei Dortmund, dann soll die kanalisirte Lippe durch ein Schiffshebewerk auf gleiches Niveau mit dem Kanal gebracht werden und ein gleiches bei Porta zum Anschluß an die Weserschifffahrt geschehen. Der Kanal soll eine Wassertiefe von $2\frac{1}{2}$ m. erhalten; dieselbe wird jedoch über den Drempeln der Schleusen auf 3 m. erhöht. Bei 18 m. Sohlenbreite wird die Breite des Kanalwasserspiegels auf 30 m. bemessen.

Die nutzbare Länge der Kammerschleusen ist zu 67 m. angenommen und deren Thorweite zu 8,6 m. Für die Durchfahrt unter den festen Brücken über dem Kanal ist eine lichte Höhe über dem Wasserspiegel von 4 m. herzustellen. Bei diesen Dimensionen können Schiffe bis zu 800 Tonnen Ladefähigkeit auf dem Kanal verkehren und müssen deshalb auch die Schiffshebewerke für solche Schiffe funktioniren.

Daß die Kosten für einen so ausgedehnten Großschifffahrtskanal ganz bedeutende sind, liegt auf der Hand. Geck gibt hiefür folgende Berechnung: Für die westliche Theilstrecke von Ruhrort bis Herne betragen die Baukosten, einschließlich der Kosten der Zweigkanäle nach Duisburg-Neuenkamp, Mühlheim, Essen und Bochum, nach den Berechnungen der Wasserbauinspektoren Duis und Prüsmann rund 42 Mill. Mark.

Nach den Anschlägen zum Kanalgesetz von 1886 wird die fast vollendete Strecke Herne bezw. Dortmund-Bevergern einschließlich der Wasserspeisungsanlage an der Lippe rund 36 Mill. Mark kosten. Dabei ist berücksichtigt, daß das an Stelle der 4 Kammerschleusen im Zweigkanal nach Dortmund anzulegende Schiffshebewerk etwa 1 Mill. Mark mehr erfordert.

Die Strecke von Bevergern bis zur Elbe ist einschließlich der Hafenkanäle nach Osnabrück, Minden, Hannover, Magdeburg, etwa 360 km lang. Die Kostenanschläge für die Strecke Bevergern—Magdeburg sind noch nicht veröffentlicht. Nach dem Anschlage für den Kanal von Dortmund nach den Emshäfen, auf Grund dessen das Kanalgesetz von 1886 vom Landtage genehmigt worden ist, kostet der Kilometer Kanal einschließlich Grunderwerb auf der Strecke Dortmund—Henrichenburg (15 km Zweigkanal) 427 000 Mark, Henrichenburg—Münster—Bevergern (96 km) 256 000 Mark, Bevergern—Papenburg (109 km) dagegen nur 198 000 Mark, im Durchschnitt 243 000 Mark. Rechnet man die Kosten des Kilometers zu 400 000 Mark, so erheischen die Baukosten für die Strecke Bevergern—Elbe einen Aufwand von 144 Mill. Mark.

Danach wird das Gesammt-Anlagekapital des Rhein-Weser-Elbekanals 222 Mill. Mark betragen, wovon noch 186 Mill. Mark von den gesetzgebenden Körperschaften zu bewilligen sind.

Die Zweigkanäle nach den Emshäfen (30 Mill. Mark), Hildesheim (7 Mill. Mark), Peine (4 Mill. Mark), Braunschweig (5 Mill. Mark), welche wirthschaftlich in das Kanalsystem hineingehören, bleiben hier außer Ansatz, desgleichen die zweite Verbindung mit dem Rheine, die kanalisirte Lippe (20 Mill. Mark). Als Bauzeit werden von den Interessenten 5 Jahre berechnet, wobei vermuthlich der Wunsch der Vater des Gedankens ist. Jedenfalls müßte sehr intensiv an dem Werke gearbeitet werden und würden alle anderen derartigen Arbeiten in Preußen zu sistiren sein, wenn dieser Termin eingehalten werden wollte.

Auch sonst ist die Mittellandkanalfrage noch nicht so ganz glatt gelöst, wie es nach einigen Publikationen, welche von dem Geiste der Kritik und des Zweifels durchaus nicht „angekränkelt" sind, erscheinen müßte.

Da ist vor allem der verschiedenen Interessen an der Traceführung zu gedenken. Zunächst ist der alte Gegensatz zwischen dem Küstenkanal und dem Mittellandkanal immer noch nicht ganz gehoben. Einige wollen eine Fortsetzung des Dortmund-Emskanals durch den Ausbau eines Großschifffahrtskanals von Bremsche über Bremen nach Hamburg und so einen Rhein-Weser-Elbekanal zur Küste herstellen. Er soll hauptsächlich die deutsche Kohle aus dem Rheingebiet, die jetzt schon in Bremen stark zur Verwendung kommt, billig nach Hamburg gebracht werden und dort die englische Kohle zurückdrängen, womit aber die Hamburgische englische Kohle einführende Seeschifffahrt gar nicht einverstanden ist [14]). Das Gebiet selbst aber, welches dieser Kanal durchschneiden würde, ist industriell und landwirthschaftlich nicht so entwickelt, wie das Mittellandkanalgebiet, und es steht zu erwarten, daß der Verkehr des Küstenkanals nicht so intensiv wie der des Mittellandkanals werden würde, was natürlich auf die Rentabilität von großem Einfluß ist. Diese Küstenkanaltrace könnte auch bis Bohmte bei Lemförde die Mittellandkanallinie benützen und von dort zur Weser sich hinziehen. Von Bremen aus soll der Kanal nach Ueberschreitung der Lesum zur Hamme und über Bremerwörde durch das Schwingethal nach Harburg an die Elbe geleitet werden. Andere wollen den Kanal von Aschendorf nach Elsfleth unter Speisung desselben durch die Hunte und von der Weser sei es nach Brunsbüttel oder nach Stade zur Elbe traciren. Wieder andere wollen den Mittellandkanal bis Minden benutzt und dann durch Kanalisirung der Weser bis zur Allermündung den Großschiffahrtsanschluß zur Küste hergestellt wissen. Meiner Ansicht nach ist es nicht angezeigt, die beiden Projekte zu verquicken, ich bin mit Meitzen der Ansicht, daß die Herstellung der Mittellandkanallinie eine verkehrspolitische Aufgabe für sich ist. Für einen Anschluß der Mittellandkanalgebiete mit der Küste können sodann verschiedene Tracen in Erwägung gezogen werden. Es wird außer den genannten Tracen auch eine Abzweigung aus dem Mittellandkanal bei Haste zur Weser bei Nienburg oder eine Verbindung Nienburg—Lindhorst (nach Franzius!) oder Nienburg—Nenndorf empfohlen. Auch die Leine- und Allerkanalisirung hat ihre Vertreter und soll auf 9 Mill. Mark zu stehen kommen, während die Kosten des Nienburg=Lindhorster=Kanals von Franzius auf 16 Mill. Mark berechnet werden. Andere gehen einen Mittelweg und wollen die Leine nur bis Neustadt benutzen und von hier bis Nienburg einen Kanal bauen. Ob sich aber überhaupt die Aller und Leine nach Kanalisirung für Großschiffahrt eignen, ist noch eine unsichere Sache.

Ebenso viele Varianten wie für den Anschluß des Mittellandkanals an die Küste existiren auch für den Anschluß desselben von Dortmund an den Rhein[15]).

Für diesen westlichen Theil des Rhein=Weser=Elbekanals sind zwischen dem Rheine und dem Ausgangspunkte des Zweigkanals nach Dortmund bei Henrichenburg fünf verschiedene Linien möglich und für dieselben durch die Königliche Kanalkommission in Münster die Vorarbeiten ausgeführt. Geck gibt in seiner Denkschrift hierüber folgende Daten:

I. Der Lippefluß, welcher von seiner Mündung in den Rhein bei Wesel bis zur Kreuzungsstelle desselben mit dem Kanal bei Datteln durch Kanalisirung mittelst Einbau von 9 Wehranlagen und Kammerschleusen schiffbar zu machen und durch ein Schiffshebewerk mit dem 15 m über dem Lippespiegel liegenden Hauptkanale verbunden werden kann.

II. Die kanalisirte Lippe von Wesel bis Dorsten und von da ein Kanal nach Henrichenburg. Der Höhenunterschied zwischen dem Hauptkanale bei Henrichenburg und der Lippe bei Dorsten soll durch zwei Schiffshebewerke überwunden werden.

III. Nördlicher Emscherkanal, welcher bei Alsum wenig unterhalb Ruhrort den Rhein verläßt und am nördlichen Hange der Emscher nahe dem Flusse hinziehend die Höhe des Hauptkanals bei Henrichenburg mittelst dreier Schiffshebewerke erreicht.

IV. Südlicher Emscherkanal, dessen Ausgang vom Rhein durch den Hasen zu Ruhrort vermittelt wird, welcher am südlichen Abhange des Emscherthales hinlaufend, bei Herne an den Stammkanal anschließen und den Höhenunterschied durch 2 Kammerschleusen und 2 Schiffshebewerke überwinden soll.

V. Die Ruhr von ihrer Mündung in den Rhein bei Ruhrort bis Steele unter Verbesserung der Schiffbarkeit durch Kanalisirung (14 Schleusen); daran anschließend ein Verbindungskanal von Steele nach Herne.

Von der preußischen Staatsregierung ist nach Anhörung einer am 29. Sept. 1893 zu Dortmund stattgehabten Interessenten-Versammlung zunächst die Linie IV in Aussicht genommen. Eine starke Minderheit entschied sich für die Linie II bezw. I. Da diese südliche Emscherlinie (IV) durch das Industriegebiet zieht, wo augenblicklich die leistungsfähigsten Werke der Kohlen- und Eisen-Industrie das vom Kanal aufzuschließende Gebiet dicht besetzen, so wird diese Linie von dem Ortsverkehr möglicherweise voll in Anspruch genommen werden. Sollte sie demnach der Vermittelung des Durchgangsverkehrs zwischen Rhein, Ems, Weser und Elbe weniger dienen können, so wird man wohl eine Verbindung des Stammkanals durch die außerhalb des Industriegebietes liegende Lippe wählen und den Fluß wie unter I erläutert kanalisiren müssen, sobald der Verkehr auf dem südlichen Emscherkanale über die Leistungsfähigkeit der Wasserstraße hinausgeht.

Jedenfalls bietet die Kanalisirung der Lippe weniger technische Schwierigkeiten als die der Ruhr und wenn es wahr ist, daß der Abbau der Kohlenflötze für die Zukunft auf das Lippegebiet hinweist, so hat die Lippekanalisirung manches für sich. Der Streit um die Trace des Dortmund-Rheinkanals hat übrigens praktisch mißliche Folgen. Bekanntlich ist eine Vorlage der preußischen Staatsregierung über den Dortmund-Rheinkanal am 18. Mai v. Js. im preußischen Landtage mit 186 gegen 116 Stimmen abgelehnt worden. Wenn auch agrarische Verstimmung der Hauptgrund für die Ablehnung der Vorlage gewesen sein mag, so ist doch sicher die Uneinigkeit bezüglich der Linienführung des Kanals der Würdigung des Projektes nicht günstig gewesen. Alle Anerkennung verdient es, daß Minister Thielen nicht entmuthigt durch die Ablehnung der Vorlage durch weitere eingehende Studien neues Beweismaterial für dieselbe sammelt. Er läßt zur Zeit durch die Kanalkommission in Münster Pläne und Kostenvoranschläge für folgende Tracen eines Dortmund-Rheinkanals ausarbeiten:

1) Für die bisherige Süd-Emscherlinie mit Zweigkanälen nach a) Bochum, b) Essen, c) Mühlheim, d) Ruhrort; 2) eine Emscherthallinie, und zwar folgende Strecken: a) Herne—Oberhausen, b) Oberhausen—Alsum (Rheinmündung), c) Oberhausen—Klennenhof, d) Klennenhof—Neuenkamp (Rheinmündung), e) Klennenhof—Ruhrort, f) Abzweigung nach Styrum—Mülheim, ferner Theile des Projektes ad d 1, nämlich g) Herne—Bochum und h) Herne—Essen; 3) Henrichenberg—Dorsten—Wesel unter Hinzufügung der unter 2 g und h aufgeführten Theilprojekte; 4) Binnum—Wesel unter Hinzufügung der unter 2 g und h aufgeführten Theilprojekte; 5) den Kanal Hamm—Datteln.

Das Studium erstreckt sich auch auf die Abmessungen des zu bauenden Dortmund-Rheinkanals, nachdem von einem großen Theil der Interessenten verlangt worden ist, der Dortmund-Rheinkanal möge in den Abmessungen der Untermainkanalisirung gebaut werden, so daß es den großen Rheinschiffen von 1000 Tonnen und darüber ermöglicht werde, direkt ins Kohlengebiet zu fahren. Danach würde die Länge der Schleusen 85 m, deren Weite 10,5 m und

Drempeltiefe 3 m werden, die lichte Höhe der Brücken mindestens 4,7 m und die Sohlenbreite des 2,5 m tiefen Kanals 24 m sein müssen. Die durch Annahme dieser größeren Abmessungen entstehenden Mehrkosten würden nach der Denkschrift der Wasserbauinspektoren Duis und Prüsmann über den Dortmund-Rheinkanal für die gewählte südliche Emscherlinie 9,23 Mill. Mark betragen. Eine von der Regierung auf den 29. September 1892 nach Dortmund einberufene Interessenten-Versammlung entschied sich einstimmig für die größeren Abmessungen. Die Staatsregierung will jedoch mit Rücksicht darauf, daß die Wasserverhältnisse der Weser und Elbe nicht annähernd die Tragfähigkeit der Schiffe zulassen, wie sie auf dem Rheine vorkommt, nur die kleineren Abmessungen zur Ausführung bringen. Die alsdann am 29. Dezember 1893 in Düsseldorf stattgehabte Versammlung von Interessenten hat daher auch die kleineren Abmessungen angenommen, mit der Begründung: „Lieber einen Kanal mit kleinen Abmessungen als keinen" [16]).

Das von Minister Thielen angeordnete erneute Studium des Rhein-Weser-Elbekanalprojektes erstreckt sich aber nicht blos auf das westliche Glied des Projektes, sondern auch auf die Ems-Weser-Elbestrecke. Auch für diese Strecke bestehen noch etliche durch den Messerschmidt'schen Entwurf nicht definitiv beseitigte Tracendifferenzen. Die Nachprüfung des genannten Entwurfes hat vielmehr für die Strecke Bevergern—Hannover eine andere nördlichere Trace als aussichtsvoller erscheinen lassen, nachdem die Möglichkeit einer reichlichen Wasserversorgung angezweifelt wurde. Dagegen wurde für die Strecke Hannover—Elbe der Messerschmidt'sche Entwurf beibehalten. Mit der neuen Trace, welche, weil nördlicher gelegen, von Osnabrück aus erst durch einen längeren Zweigkanal ab Bramsche erreicht werden könnte, und welche nicht mehr südlich, sondern nördlich an Minden und Hannover vorüberziehen würde, nähert man sich wieder mehr dem alten Michaelischen Entwurf und andererseits einem Projekt, welches von dem unter Messerschmidt beschäftigten Regierungsbaumeister Mussel eingereicht worden war. Die Wasserversorgung würde bei der neuen Trace auf der Scheitelhaltung nicht mittels Pumpwerkes aus der Weser erfolgen, wie von Messerschmidt vorgesehen war, sondern durch einen Zubringerkanal, welcher bei Rinteln aus der Weser abzweigen würde. Die Scheitelhaltung des Kanals erhält hier eine Höhenlage von 50 m, während sie bei Messerschmidt auf 58 zu liegen gekommen wäre. Die schleusenlose Haltung selbst wird 211 km lang (bei Messerschmidt 245 km) und zieht sich von Bevergern bis Misburg hin, woselbst durch ein Hebewerk von 8 m Hubhöhe der Aufstieg zu den nächsten Haltungen erfolgt. Unter diesen sind noch zwei schleusenlose von 85 und 97 km (bei Messerschmidt zwei solche von 49 und 85 km).

Ein weiterer Gegenstand des von Minister Thielen geförderten Studiums des Mittellandkanalprojektes war die wirthschaftliche Seite desselben.

Ich möchte in diesem Punkte die lokale Bedeutung von der Fernwirkung eines Kanals trennen. Nach beiden Richtungen ist das Projekt noch wenig von Fachleuten in exakter Weise studirt. Sicher ist, daß in lokaler Beziehung die Hauptbedingung für die Zweckmäßigkeit eines Kanals, die Verbindung großer und sich ergänzender Produktions- und Konsumtionsgebiete in hohem Maße erfüllt ist. Der Osten hat einen Ueberschuß an Getreide und anderen landwirthschaftlichen, sowie forstlichen Produkten, der Westen einen Ueberschuß an Industrie- und Bergbauerzeugnissen. Daß ein Theil der Erzeugnisse des

niederrheinischen Industriegebietes, insbesondere Kohle, Eisen und Thomas=
schlacke nach dem Ausbau des Mittellandkanals auf diesem seine billige Be=
förderung nach Osten findet, ist sicher. Meißen hat schon vor 15 Jahren
darüber einigen Aufschluß ertheilt. Welcher Antheil aber von dem bisherigen
Eisenbahnverkehr dieses Gebietes nach dem Osten dem künftigen Kanal zuge=
rechnet werden darf und in welchem Maße die durch den Kanal zu erzielende
Frachtverbilligung vermehrend auf diesen östlichen Absatz des niederrheinischen
Industriegebietes überhaupt einwirkt, ist noch nicht genügend untersucht, doch
sind derartige Untersuchungen auf Grund enquêtemäßigen Materials be=
arbeitet von Wasserbauinspektor Sympher in Aussicht gestellt. Es kommt aber
nicht blos das westliche Ende des Kanals als Industriegegend in Betracht,
sondern auch das von ihm durchzogene Gebiet selbst. Auch hier wird vor
allem Kohle und Eisen gewonnen. Es kommt in Betracht [17]) die Kohlen=
industrie von Osnabrück, Minden und Ibbenbüren, vom Piesberg, Deister
und Harz die Braunkohlenindustrie im Herzogthum Braunschweig und in der
Provinz Sachsen, die Eiseninduſtrie von Osnabrück, Hannover, Magdeburg,
Hildesheim und Braunschweig, die Stein= und Cementindustrie, die Zucker=
industrie von Hildesheim, Halberstadt, Braunschweig (Geck zählt 148 Zucker=
fabriken in den vom Kanal berührten Bezirken!), die Kalisalzindustrie von
Schönebeck und Staßfurth, welche allein 1,5 Mill. Tonnen jährlich produzirt.
Von Nordosten her sind vor allem Getreide, Rüben, Kartoffeln, Heu, Stroh
und Nutzholz zu erwarten, während im Südosten das bedeutende schlesische,
böhmische und sächsische Industriegebiet sich hinzieht und schließlich steht als
ein Konsumtionsplatz von höchst mannigfaltigen Bedürfnissen die Stadt Berlin
zu dem Mittellandkanal in Beziehung.

Das wären die einfachen Grundzüge der wirthschaftlichen Configuration
des Mittellandkanalprojektes, die aber bei näherer Betrachtung doch etwas ver=
wickelter erscheint. Nicht von allen Betrieben der genannten Industrie wird
der neue Verkehrsweg freudig begrüßt werden.

Wie immer bei Neuanlage eines solchen freuen sich die wohlsituirten und
wirthschaftlich Mächtigen über ihre erhöhte Konkurrenzfähigkeit, die wirthschaft=
lich Schwächeren aber sind bange für ihre schwachen Seiten und suchen nach
Compensation. Die Konkurrenz des niederrheinischen Industriegebietes, insbe=
sondere im Kohlenverkehr, wird sich in den centralen und östlichen Theilen der
preußischen Monarchie stärker geltend machen, und die Braunkohlenindustrie ist
deshalb zum Theile Gegnerin des Projektes und in Schlesien, wo eine indu=
striellen Ausfuhr von 20 Mill. Tonnen gegen eine Einfuhr von 3 Mill. Tonnen
steht, fürchtet man eine Verringerung der ersteren und wünscht zur Compensation
gegen den Mittellandkanal weiteren Ausbau der von der Oder zur Elbe und
Spree führenden Kanäle [18]) und besonders einen Ober=Warthekanal [19]), um
der eigenen Industrie für die in Folge des Mittellandkanal zu Verlust gehenden
Absatzgebiete neue Märkte zu eröffnen. Aehnliche Compensationskanäle werden
auch in Sachsen gewünscht.

Wenn ein Zweig der preußischen Volkswirthschaft Ursache hat, wider=
spruchslos für den eigentlichen Mittellandkanal, also abgesehen von den die
Verbindung desselben mit der Küste anstrebenden Projekten, einzutreten, so ist
es die oſtelbische Land= und Forstwirthschaft. Diese konnte dem Theilprojekte
des Dortmund=Rheinkanals mit einer durch allgemeine wirthschaftliche Ver=
stimmung gesteigerten Theilnahmslosigkeit gegenüberstehen, weil sie eben kein

direktes Interesse daran hat, sie konnte dem Dortmund=Emskanal, wie anderen zur See führenden Kanalprojekten feindlich gegenübertreten, weil sie eine Förderung der überseeischen Concurrenz darin erblickt, aber sie kann unmöglich einen im centralen Theile der an den Grenzen mit landwirthschaftlichen Schutzzöllen umgebenen Monarchie sich hinziehenden, sie mit dem konsumfähigen industriellen und kommerziellen Westen verbindenden Verkehrsweg zurückweisen, wenn anders sie nicht in totaler Entmuthigung auf jede Aktion verzichten und sich auf den Standpunkt mittelalterlicher Lokalwirthschaft zurückziehen will. Der preußische Landwirthschaftsminister von Hammerstein=Loxten erklärte deshalb auch bei der letzten Landtagsdebatte, einen Dortmund=Rheinkanal ohne einen Ems=Weser=Elbekanal zu bauen heiße den einheimischen agrarischen Interessen geradezu ins Gesicht schlagen. „Wenn wir uns," so schloß der Minister, „nach der See einen Zufuhr- und Absatzweg verschaffen, dann ist es erst recht nothwendig, im Innern diejenigen Wasserstraßen auszuführen, die erforderlich sind, um der einheimischen Landwirthschaft die Concurrenz mit den von Außen kommenden Produkten im eigenen Staatsgebiete zu ermöglichen."

In ähnlicher Weise wie der Minister haben sich auch schon zahlreiche einsichtsvolle Landwirthe oder Vertreter derselben für den Mittellandkanal ausgesprochen. Das ist sehr begreiflich wenn man erwägt, was der freikonservative Abgeordnete Holz in einer der letzten Landtagssitzungen äußerte: „Wir sind mit dem Vertrieb unserer landwirthschaftlichen Erzeugnisse viel schlechter gestellt als Amerika. Von dorther kostet das Getreide bis nach Deutschland die Tonne 4—5 ℳ, von der Grenze bis Berlin 2 ℳ, von meinem Wahlkreise Marienwerder nach Berlin hingegen beträgt die Fracht 11 ℳ. (Hört, hört! rechts.) Leider sind unsere Eisenbahn-Einnahmen festgelegt, so daß die Tarifermäßigungen in erheblichem Umfange nicht möglich sind." Damit ist aber die Bedeutung des Kanals für die ostelbische Landwirthschaft nicht erschöpft. Denn es kommt ja auch der Bezug von Westen her (Industrieerzeugnisse, Maschinen, Werkzeuge, Kohlen, Düngmittel, besonders Thomasschlacke, Kalisalze ꝛc.) in Betracht. In den landwirthschaftlichen Gegenden des Westens und des Kanalgebiets selbst wird man dagegen den neuen Verkehrsweg wegen der ostelbischen Konkurrenz mit getheilten Empfindungen betrachten. Für diese Gegend kommt aber die Meliorationsbedeutung des Kanals hinzu, welche infolge Entwässerung einiger versumpfter Gegenden nicht gering anzuschlagen ist. Dieselbe soll nach einer von dem Oberpräsidenten von Leipziger im Jahre 1882 der preußischen Staatsregierung überreichten Denkschrift einen Werth von 27,4 Mill. Mk. repräsentiren.

Damit hätte ich die lokale wirthschaftliche Bedeutung des Mittellandkanals skizzirt und es erübrigt nur noch die Angabe, daß in der mehrfach citirten Denkschrift des niedersächsischen Kanalvereins auch der Versuch gemacht wird, diese Bedeutung ziffermäßig festzustellen. Indem aus dem auf 62 029 700 Tonnen berechneten Eisenbahngüterverkehr der einzelnen Kanalstädte schätzungsweise ein Antheil für den künftigen Kanalverkehr ausgeschieden wird, kam man auf etwa 14 Mill. Tonnen und 1838 Mill. Tonnenkilometer künftigen Kanalverkehrs. Wenn man erwägt, daß der Eisenbahnverkehr der Mittellandkanalstädte 38 % des gesammten auf 165 Mill. Tonnen sich beziffernden Verkehrs der deutschen Eisenbahnen beträgt, so wird man zugeben, daß der Mittellandkanal auf alle Fälle ein Gebiet durchzieht, dem ein lokaler massenhafter Verkehr nicht fehlt und selbst ein vorsichtiger und konservativer Verkehrspolitiker wird erklären, daß in absehbarer Zukunft in jener Gegend die Ergänzung der

Eisenbahnen durch eine diesen in der billigen Bewältigung massenhaften Verkehrs stets überlegene Großschifffahrtswasserstraße unabweisbar nothwendig wird.

Mit dem Mittellandgebiet ist aber die wirthschaftliche Bedeutung des Rhein-Weser-Elbekanalprojektes nicht erschöpft. Derselbe hat vielmehr auch eine beträchtliche Fernwirkung.

Vor allen tritt der Mittellandkanal in einzelnen Relationen in Beziehung zur Seeschifffahrt. Es sind z. B. vom Niederrhein bis Kiel unter Benützung der Rheinseeschifffahrt und des Nordostseekanals z. Zt. 1500 km Weg; von Ruhrort durch den Dortmund-Rhein- und Dortmund-Emskanal, dann eventuell mit Umladung durch den Nord-Ostseekanal nur 600 km. Falls sich die bisher noch sehr unentwickelte Küstenschifffahrt zwischen den deutschen Nord- und Ostseehäfen infolge des Nord-Ostseekanals mehr vervollkommnet, wird durch den Dortmund-Rhein- und Dortmund-Emskanal ein Wasserweg vom Niederrhein nicht blos zur Nordsee, sondern auch zur Ostsee geschaffen sein. Dem östlichen Theile des Mittellandkanals dagegen würde die für Großschifffahrt auszubauende Weser als Aus- und Einfuhrstraße zur Nordsee dienen, wobei die verschiedenen oben erwähnten Abkürzungskanäle vom Mittellandkanal zur unteren Weser natürlich vom fördernden Einfluß sein würden.

Außer dieser Beziehung zur Nordostseeschifffahrt wäre noch die Conkurrenz mit der atlantischen Seeschifffahrt, nämlich die Frage zu erörtern, ob der Rhein-Weser-Elbe-Kanal an welchen die künstlichen Elbe-Oder-Wasserstraßen anschließen auch eine mitteleuropäische Transitbedeutung erhalten könnte, falls in Oesterreich von der Elbe und der Oder zur Donau die projektirten Großschifffahrts-Kanäle ausgebaut werden. Ich will hier nur hervorheben, daß nach dem Ausbau der sämmtlichen mittelländischen Kanalprojekte mehrere Routen als mitteleuropäische Transitverkehrsstraßen nach dem schwarzen Meer in Conkurrenz treten würden. Es kommen in Betracht die Routen: Nord-Ostseekanal-Stettin-Oder-Oberdonaukanal; Hamburg-Elbe-Elbe-Donaukanal; Bremen- (auch Emden- oder Ruhrort-) Mittellandkanal-Elbe-Donau-Kanal; Rhein-Main- und Maindonaukanal. Wenn hieraus ersichtlich ist, daß der Mittellandkanal auf süddeutsche Kanalprojekte von großem Einfluß ist, so liegt es nahe, daß derselbe auch auf den thatsächlichen derzeitigen Verkehr in Süddeutschland nicht ohne Einfluß bleiben würde. Die Fernwirkung neuer Verkehrsmittel im volkswirthschaftlichen Organismus wird in der Regel wenig beachtet und ist doch sehr beachtenswerth. Wer denkt daran, daß die Wirkung des Nordostseekanals, welcher dem russischen, finnischen und skandinavischen Nutzholz eine neue Frachtverbilligung nach Hamburg, Emden und Duisburg brachte, auch in den oberbayerischen Forsten zu verspüren ist. In noch höherem Grade würde sich ein Rhein-Weser-Elbekanal in dem süddeutschen Verkehrswesen bemerkbar machen. Das Getreide des Ostens[20] kommt heute z. B. um 1,3 ₰ pro Tonnenkilometer billiger, mittels der See- und Rheinschifffahrt nach Mannheim als per Eisenbahn und würde nach dem Ausbau des Mittellandkanals vermuthlich zum Theil auf diesem Weg noch billiger nach Süddeutschland gelangen. Wie der Mittellandkanal für die Fulda-, Mosel-, Main- und Oberrheinschifffahrt von Bedeutung wäre[21], so würden auch verschiedene deutsche Eisenbahnlinien, insbesondere sächsische und bayerische seine Einwirkung verspüren.

Wie sehr die Fracht auf dem Mittellandkanal den Eisenbahnfrachten an Billigkeit überlegen wäre, ersehen wir aus den in der Regierungsvorlage für den Dortmund-Rheinkanal aufgestellten Berechnungen, wobei eine Kanalgebühr von

1 ₰ für den Tonnenkilometer zu Grunde gelegt wurde. Trotzdem, daß dieses schon eine Gebühr von recht beträchtlicher Höhe ist, stellt sich für Kohle und Coals bei einer Kanalfracht von 1 ₰ das Verhältniß von Eisenbahn und Kanal wie folgt:

Bei einer Entfernung von
  10 Kilometer auf der Eisenbahn 0,80 ℳ
  15   „   „   „   „   1,00 „
  20   „   „   „   „   1,10 „
  30   „   „   „   „   1,50 „
  40   „   „   „   „   1,80 „

Bei einer Entfernung von
  10 Kilometer auf dem Kanale 0,20 ℳ
  15   „   „   „   „   0,30 „
  20   „   „   „   „   0,40 „
  30   „   „   „   „   0,60 „
  40   „   „   „   „   0,80 „

Dabei ist zu berücksichtigen, daß sowohl die Kanalfracht von 1 ₰ wie die Kanalgebühr in gleicher Höhe als sehr hoch gegriffen erscheinen, und daß sich wohl auch niedrigere Sätze, für die Kanalfracht etwa 0,7 ₰ pro Tonnenkilometer rechtfertigen ließen. Wie hoch die Kanalgebühr zu bemessen wäre, um aus dem ganzen Rhein-Weser-Elbekanale eine Verzinsung und Amortisation zu erzielen, steht noch nicht fest und wird wohl auch erst durch das von Minister Thielen angeordnete Studium des Projektes klar gestellt werden. Es verlautet jedoch, daß die betheiligten Provinzen zu den Kosten herangezogen werden sollen und zwar bis zur Höhe der Grunderwerbungskosten. Es würde dann vermuthlich eine weitere Abwälzung dieses Kostenantheils auf die Kreise und schließlich auf die Gemeinden vor sich gehen, welch' letztere wieder auf die direkt interessirten Privaten zurückgreifen könnten.

Jedenfalls wird der neue Entwurf, den die preußische Staatsregierung dem nächsten Landtage vorlegen wird, nach allen Richtungen hin über das Rhein-Weser-Elbekanalprojekt Klarheit bringen. Da aber die Tradition, daß das Wohl des Staates, die Größe der Monarchie allen anderen Erwägungen voranzugehen habe, trotz aller Verstimmung und Parteileidenschaftlichkeit in Preußen immer noch tiefer wurzelt, als in vielen anderen Staaten, so wird man wohl damit rechnen dürfen, daß eine neue, alle Interessen klar darlegende und die Notwendigkeit eines Rhein-Weser-Elbekanals für den preußischen Gesammtstaat wohlbegründende Vorlage der preußischen Staatsregierung im nächsten Landtage die Genehmigung der Volksvertretung finden wird.

V.

Ein mittelländischer Binnenschifffahrts-Kongreß[1]).

Bei der Betrachtung der vielen Berührungspunkte, welche das Studium der drei deutsch-österreichischen Kanalprojekte[2]), zu welchen das Rhein-Weser-Elbe-Kanalprojekt ergänzend hinzutritt, aufweist, hegte ich schon lange den Wunsch, eine gemeinsame Organisation für diese große Gruppe von Verkehrsinteressen zu finden. In einer früheren Schrift[3]) sprach ich die Hoffnung aus, daß sich die Interessenten der drei großen deutsch-österreichischen Kanalprojekte zu einer „gemeinsam strebenden, ihre Spitze gegen den konkurrirenden Seeweg richtenden Gesellschaft" vereinigen. Das zu erstrebende Ziel war damit wohl besser angedeutet, als die zur Erreichung desselben passendste Form.

Das gemeinschaftliche Ziel für eine so große Gruppe von zum Theil widerstreitenden Verkehrsinteressen muß allgemein gehalten und hoch gesteckt werden, auch wenn es nur annähernd erreicht werden kann. Es bietet sich in dem gemeinschaftlichen Interesse an dem mitteleuropäischen Ueberlandwege gegenüber dem Seewege, in der Förderung des kontinentalen Handelssystems in Europa gegenüber dem ozeanischen.

Damit wäre ungefähr der „§ 1" der zu erstrebenden Organisation skizzirt.

Es wäre ein fruchtbares Prinzip, welches, wie schon der Ausdruck „Handelssystem" besagt, eine große Anzahl von Gliedern oder Einzelfragen umfaßt, ein Prinzip, welches — auf ein System begründet — selbst System in die ganze Organisation bringen müßte.

Ich werde an anderer Stelle an der Hand von Studien über Geschichte und Gegenwart des deutsch-österreichischen Transitverkehrs dieses Problem näher entwickeln und bemerke hier nur, daß dasselbe im engsten Zusammenhange mit den Bestrebungen für eine mitteleuropäische oder wenigstens deutsch-österreichische Zollunion steht.

Allein es ist meines Erachtens noch nicht beachtet worden, daß diese handelspolitische Frage nur die eine Seite des Problems bildet, und daß die andere, die verkehrspolitische als die zunächst ins Auge zu fassende erscheint, weil sie die Lösung der handelspolitischen Frage von selbst bringt. Damit erklärt es sich, daß ich den Schwerpunkt der ganzen Organisation lieber auf das verkehrspolitische Moment lege. Wie die Eisenbahnen unzweifelhaft den Zusammenschluß der deutschen Länder und Bundestheile zum deutschen Zollverein nicht bloß förderten, sondern geradezu erzwangen, so muß die Entwickelung des deutsch=österreichischen Verkehrsnetzes den handelspolitischen Idealen vorarbeiten. Was nach dieser Richtung von den Eisenbahnen erreicht werden konnte, ist im großen und ganzen verwirklicht, wenn auch auf dem Gebiete des Tarifwesens sozusagen noch die „letzte Feile" an dem großen Kulturwerk des Eisenbahn= wesens zu erwarten ist. Es ist bis jetzt ein großer Bau, der noch keinen ein= heitlichen Stil hat. Viel aber wird dieser an dem Baue selbst und seiner Be= deutung nicht mehr ändern. Dagegen ist bereits ein neuer Bau aus einem anderen Material oder Element im Werke, der Ausbau des Wasserstraßennetzes zur Ergänzung der Eisenbahnen, und von diesem ist in verkehrspolitischer Be= ziehung noch viel zu erwarten.

Es ist das dritte Mal seit dem Ausgang des Mittelalters[4]), daß die Wasserstraßen eine ganz besondere Wichtigkeit bei uns erhielten. Die erste Etappe war die Zeit des schlechten Zustandes der Landstraßen, dann folgte nach einer Periode erhöhter Bedeutung des Landstraßenverkehrs durch die Chausseebauten die zweite Etappe, als die Eisenbahnära vor der Thüre stand, und jetzt sollen die Wasserstraßen der Ergänzung des Eisenbahnnetzes dienen. Sie sind wieder Vorzugsverkehrswege und damit Leitwege für Handel und Industrie geworden, nachdem das Eisenbahnwesen nunmehr so sehr verallgemeinert ist. Die Wasserstraßen sind in vieler Hinsicht, um mit Pascal zu sprechen, »des grandes routes, qui marchent elles mêmes«. Man wird wohl niemals dazu gelangen, so glatte, breite und elastische Schienen herzustellen, wie sie ein Fluß= oder Kanalwasserspiegel darstellt, und während so hinsichtlich der Unterlage der Ver= kehrsmittel die Wasserstraßen den Eisenstraßen voraus sind, kann man annehmen, daß die Entwicklung der anderen, der labilen Seite des Verkehrswesens wohl stets in gleicher Weise der Schifffahrt angepaßt wird, wie dies mit der Dampf= maschine geschah. Wir werden wohl allezeit Wasser= und Landwege neben ein= ander pflegen müssen, daran vermochte selbst eine so umwälzende Erfindung wie das Eisenbahnwesen, ein Fortschritt, der der ganzen vorherigen tausendjährigen Entwicklung des Verkehrswesens die Wage hält, nichts zu ändern.

Aus dieser Würdigung der Wasserstraßen ergibt sich das engere Ziel der zu erörternden Organisation. Wenn der „§ 1" derselben sich auf jegliche För= derung des kontinentalen Handelssystems gegenüber dem ozeanischen bezieht, so wäre im zweiten Hauptsatz der Ausbau der mittelländischen, Deutschland und Oesterreich verbindenden Wasserstraßen, als der vorzüglichsten Mittel zur För= derung des kontinentalen Handelssystems zum Ziel zu setzen.

Dies wäre — ganz allgemein formulirt — die sachliche Seite der Or= ganisation. Das Ziel wäre weit und hoch gesteckt und würde in letzter Linie über das verkehrspolitische Gebiet weit hinaus auf das handelspolitische und politische sich erstrecken. Allein zur Erreichung des Zieles würde auf die in dem Verkehrsnetze sich darbietenden Wurzeln zurückgegangen werden. Die Or= ganisation würde sich vorerst mit der Beschränkung auf das verkehrspolitische Gebiet begnügen und in diesem wieder mit dem zur Zeit wichtigsten Theil, dem Ausbau der Wasserstraßen. Sie würde die Grundmauern für das ganze Ge= bäude zu legen suchen, es der Zukunft überlassend, was sich aus dem Bau und aus ihr selbst noch entwickelt. Sie würde jeder Zeit ihrem „§ 1" ent= sprechend das regste Interesse haben für alle die Skizzen und Pläne, welche handelspolitische Architekten für die Vollendung des Gebäudes publiziren, aber in ihrer Selbstthätigkeit sich zunächst streng auf ihr engeres Gebiet beschränkten.

Als Form derselben dachte ich mir, wie gesagt, früher eine fortwährend wirksame Gesellschaft, eine Vereinigung aller derjenigen, welche an dieser Frage nach der politischen, handelspolitischen oder verkehrspolitischen Seite interessirt sind.

Eine solche Gesellschaft hätte ein geschichtliches Analogon in dem „Allgemeinen deutschen Handels- und Gewerbeverein", welcher in den Jahren 1819—23 für den Zusammenschluß Deutschlands zum deutschen Zollverein eine rege Wirksamkeit entfaltete. Die Persönlichkeit Friedrich List's, des ersten und bedeutendsten Agitators für die Eisenbahnen in Deutschland, welcher als Sekretär dieses Vereins in Nürnberg wirkte, bürgt dafür, daß dieser Verein die verkehrspolitische Seite seines großen handelspolitischen Zieles nicht vernachläßigte. Nun liegt es nahe, diese Gesellschaft, deren Organisation ich an Quellenmaterial studirte, welches ich in Würzburg und Nürnberg vorfand, für unseren Zweck nachzuahmen und etwa einen ständig wirksamen „deutsch-österreichischen Handelsverein" zur Verwirklichung der oben entwickelten handels- und verkehrspolitischen Ziele ins Leben zu rufen.

Es ist möglich, daß die allgemeine Vereinsmüdigkeit durch die großen Gesichtspunkte, auf welche eine solche Vereinigung aufgebaut wäre, überwunden werden könnte und man könnte auch bei einem solchen deutsch-österreichischen Handelsverein den Schwerpunkt zunächst auf das Verkehrswesen und speziell auf die Wasserstraßen legen und die handelspolitischen Aufgaben erst in die zweite Reihe stellen. Es wäre abzuwarten, ob die betheiligten Kreise auf eine solche Organisation Hoffnung setzen. Ich für meinen Theil neige mich vorerst mehr einer Ansicht zu, welche sich auf die Erfahrungen des erwähnten „Allgemeinen deutschen Handels- und Gewerbevereins", über dessen trauriges Schicksal ich ein andermal berichten will, gründet.

Darnach scheint es mir besser zu sein, das Größere aus kleineren Anfängen sich organisch herausentwickeln zu lassen.

Ein derartiges entwicklungsfähiges Organ glaube ich in einem nur periodisch — etwa alljährlich — zu veranstaltenden deutsch-österreichischen oder mittelländischen Binnenschifffahrts-Kongreß gefunden zu haben.

Ich stelle mir vor, daß die sehr zahlreichen Interessenten und Förderer der vier großen mittelländischen Kanalprojekte, der Kanäle von der Donau zur Oder, Elbe und zum Main, sowie vom Rhein zur Weser und Elbe nebst den Anschlußgliedern in einer zentralen Stadt periodisch zusammenkommen und die auf dieses Wasserstraßensystem bezüglichen speziellen Fragen berathen und deren Lösung zu fördern suchen. Worin diese gemeinschaftlichen Aufgaben bestehen, habe ich in dem Kapitel „Deutsch-österreichische Verkehrsprojekte" des näheren entwickelt und verweise ich darauf.

Ich glaube, daß außer den technischen speziell die wirthschaftlichen Fragen ganz unvergleichlich mehr gefördert würden bei einem solchen engeren Kongreß als bei den internationalen Binnenschifffahrts-Kongressen.

Es fehlt noch sehr an festen Gesichtspunkten für ein enquêtemäßiges Studium der großen Kanalprojekte und es läßt sich erwarten, daß jeweilig nicht nur das spezielle Projekt, sondern auch die nach allgemeinen Sätzen oder Prinzipien suchende Wissenschaft der Nationalökonomie aus solchen Berathungen Gewinn ziehen würde.

Aber auch die technischen Fragen sind, wie ich in jenem Kapitel gezeigt habe, fast durchweg für die vier mittelländischen Kanalprojekte gemeinschaftliche. Ich erinnere nur an die Frage der Kanalabmessungen und Schiffsgröße, der

Schiffshebewerke und schiefen Ebene, der Schleußenvervollkommnung, der Speise=
wasserreservoirs, des Schiffszuges auf Kanälen u. s. w. — lauter Dinge, die
auf dem künftigen Weltschifffahrts= und Marine=Kongreß unmöglich auch nur
im entferntesten die Rolle spielen können, die ihrer Wichtigkeit für das euro=
päische Mittelland, für Deutschland und Oesterreich entsprechen würde.

Dem internationalen Marine=Kongreß soll die neue Vereinigung aber
durchaus nicht sich entgegenstellen. Wie neben den Weltausstellungen die Lan=
desausstellungen immer mehr an Bedeutung gewinnen, so auch bei den Kon=
gressen. Die Technik ist in ihrem Fortschreiten international und sie wird immer
Hauptgegenstand des internationalen Kongresses zu bleiben haben. Die wirth=
schaftlichen oder Verwaltungsfragen dagegen sind in einem internationalen Kreise
kaum zu lösen. Ja speziell durch die Aufnahme der Seeschifffahrt ist ein
Element in den internationalen Binnenschifffahrts=Kongreß gekommen, welches
die Zwiespaltigkeit noch vermehrt. Denn als ein Hauptgegner unserer
großen mittelländischen Kanalprojekte wird sich immer mehr die
Seeschifffahrt erweisen.

Aber auch abgesehen davon, es kommt bei den internationalen Erörterungen
von Verwaltungsfragen nichts heraus. Was soll es heißen, wenn beschlossen
wird: „der Verkehr auf den Wasserstraßen darf soweit als möglich keinen Ab=
gaben unterworfen sein" oder: „das Verhältniß von Eisenbahn und Wasser=
straße hängt von bestimmten Verhältnissen ab, die in bestimmten Ländern ver=
schieden sind".

Beschlüsse, wie die beim letzten Haager Kongreß über die Abgabenfrage
gefaßten, können unsere Sache in den Augen der Einsichtsvollen, Unbetheiligten
und der Wissenschaft gegenüber nur diskreditiren. Damit ist uns nicht gedient
und es ist deshalb berechtigt, daß in Ergänzung des die internationale Technik
pflegenden Marine=Kongresses auch noch engere Binnenschifffahrts=Kongresse
treten. Deutschland und Oesterreich haben in vieler Beziehung gemeinsame Ver=
hältnisse, Frankreich, England und Holland haben dagegen in Binnenschifffahrts=
sachen vielfach ganz andere Verhältnisse. Abgesehen von der Förderung des
Studiums der Projekte, würden solche öfters wiederkehrende einheitliche Kund=
gebungen der deutsch=österreichischen Interessenten für die vier großen mittel=
ländischen Kanalprojekte sehr wirksam sein, um unserer Sache das Interesse weiter
Kreise zuzuwenden. Wie die Dinge zur Zeit liegen, bedeutet jede Förderung
des einen Projekts eine Beschleunigung des anderen und auch für eine spätere
Zukunft, wenn die Projekte einmal ausgeführt sind und die Interessen einander
mehr widerstreiten, verbleibt in der gemeinschaftlichen „Spitze" gegen die Kon=
kurrenz des Seeweges immer noch ein zusammenhaltendes Prinzip und Arbeit
genug, wenn die errungene Position erhalten und weiter befestigt werden soll.

Als Grundstock für die Betheiligung an so einem modernen „Hansatage",
für welchen vielleicht jeweils oder ständig auch ein einflußreicher Protektor ge=
wonnen werden könnte, denke ich mir die drei bestehenden großen Kanalvereine,
den „Donauverein" in Wien nebst den Komitees für die beiden öster=
reichischen Kanalprojekte, den „Centralverein für Hebung der deutschen
Fluß= und Kanalschifffahrt" in Berlin und den „Verein für Hebung
der Fluß= und Kanalschifffahrt in Bayern" zu Nürnberg.

Wenn schon dieser Grundstock mehrere Tausende der bedeutendsten In=
teressenten des deutsch=österreichischen Verkehrs — darunter die meisten Handels=
kammern und bedeutendsten Städte — repräsentirt, so wird vielleicht mit der

Zeit dieser mittelländische Kongreß ein Krystallisationspunkt für möglichst alle deutsch-österreichischen Handels- und Verkehrsfragen und auf diese Weise allmählich nach allen Richtungen das Organ des kontinentalen Handelssystems in Europa.

Daß dieses letztere aber eine Zukunft hat, daß es trotz aller Gegenminen Englands gelingen wird, einen großen Theil des Seeverkehrs mit den Süddonauländern, den Balkanstaaten, Kleinasien und den Ländern des schwarzen Meeres auf den Ueberlandweg zu leiten, davon bin ich ebenso fest überzeugt, wie ich des Glaubens bin, daß diese Entwickelung zum Segen Deutschlands und Oesterreich-Ungarns gereichen würde. „Lebhafter inländischer Handel", sagt der Klassiker der Handelsgeschichte[*]), „der am meisten die Industrie befördert, ist stets die sicherste Grundlage des Nationalreichthums und durch ihn des auswärtigen Handels. Der Gang von diesem hängt größtentheils von äußeren Umständen und Verhältnissen ab, die sich nicht bestimmen lassen; der innere Verkehr aber ist bloß das Werk der Nation und geht nur mit ihr selbst zu Grunde." —

Anmerkungen zu Kapitel I.

1) Ich veröffentlichte diesen Aufsatz im Feuilleton der Frankfurter Zeitung vom 30. September und 1. Oktober 1894.

2) Die Geschichte der ersten deutschen Eisenbahn Nürnberg-Fürth ist schon mehrfach dargestellt worden, u. a. von Hagen und Hutzelmann (1885), die bay. Süd-Nordbahn hat Bauernfeind, die des ganzen bayerischen Eisenbahnwesens Kosmas Lutz geschrieben. Auch Roscher hat sich in einer älteren Schrift mit den Anfängen des Eisenbahnwesens beschäftigt. Dazu kommen noch für die uns näherliegenden Staaten die monographischen und allgemeinen eisenbahngeschichtlichen und -geographischen Werke von Sax, Schreiber, Markgraf, Geistbed, Stürmer, Haushofer, Löwe, Haberer, Kupka, Kaizl (Oesterreich), Kohn (England), Picard (Frankreich), Morlok (Württemberg), Ulbricht (Sachsen), und anderen. Ich schöpfe im Vorstehenden direkt aus einigen für unsere Episode in Betracht kommenden gedruckten und ungedruckten Quellen.

3) A descriptive history of the steam-engine by Robert Stuart esqu. London 1824. Seite 192.

4) Münchener allgemeine Litteraturzeitung 1819.

5) Siebzig Jahre später, im verflossenen Winter, beschäftigte eine ähnliche Sache den bayerischen Landtag, das Postulat für die Projektirung eines modernen Donau-Mainkanals.

6) Ideen über Eisenbahnen in Bayern und deren Gefahren für das bayerische Vaterland und ganz Deutschland, Erlangen 1836. Nach dieser Schrift lese man: Friedrich List: „Ueber ein sächsisches Eisenbahnsystem, als Grundlage eines allgemeinen deutschen Eisenbahnsystems und insbesondere über die Anlegung einer Eisenbahn von Leipzig nach Dresden", Leipzig, bei A. G. Liebeskind 1853. (Dieser Schrift ist die bekannte Eisenbahnkartenskizze beigegeben).

Anmerkungen zu Kapitel II.

1) Diesen Aufsatz brachte ich zur Eröffnungsfeier des neuen Nord-Ostseekanals mit einigen Kürzungen in M. Hardens „Zukunft" v. 22. Juni 1895.

2) Roscher: System III, Seite 160, Note 8. (2. Auflage.)

3) Woltmann: Beiträge zur Baukunst schiffbarer Kanäle, Göttingen 1802. Hier und bei Hogrewe: Praktische Anweisung zur Baukunst schiffbarer Kanäle, Hannover 1805 findet sich alles Nähere über den alten Eiderkanal, dessen Geschichte die Vorgeschichte des Nord-Ostseekanals in sich schließt. Was sonst noch hiezu erzählt wird, so von Beneke „der Nord-Ostseekanal" Kiel 1893 bezieht sich auf frühere nicht ausgeführte Entwürfe. Nicht hieher gehörig, weil es sich nicht um einen Seeschiffahrtskanal handelte, ist der alte Stecknitzkanal.

4) Meidinger: Die deutschen Ströme. 2. Auflage. 1861. III. Theil, „die Elbe".

5) Das Beste was in wirthschaftlicher Beziehung über den Nord-Ostseekanal erschienen ist, eine Abhandlung von Laves in Schmollers Jahrbuch für Gesetzgebung und Volkswirthschaft 1886, finde ich in den bekannten Schriften über den Nord-Ostseekanal nirgends zitirt; Die ältere Litteratur über den Kanal findet sich bei Meitzen: Die Frage des Kanalbaues in Preußen, Leipzig 1885.

6) Inzwischen ist diese Annahme bestätigt worden, indem der neue Kanaltarif niedriger aber auch komplizirter gestaltet worden ist.

7) Fitger: Schiffsbau und Seeschifffahrt in den letzten Jahren, Berlin 1892.

Anmerkungen zu Kapitel III.

1) F. J. zu Weichs-Glon. "Das finanzielle und soziale Wesen der modernen Verkehrsmittel." Tübingen 1894.

2) Während ich Obiges in den Druck gebe, lese ich im neuesten Hefte von Schmollers Jahrbuch für Gesetzgebung, Verwaltung und Volkswirthschaft eine abfällige Kritik von Prof. Gustav Kohn über meine Schrift "Eine wichtige Aufgabe des bayerischen Verkehrswesens". Ich überlasse es den Lesern dieses Vortrages, zu beurtheilen, ob meine Bemühungen, unsere großen Verkehrsprojekte zu fördern, den Vorwurf verdienen, daß bei denselben "der agitatorische Ton des Interessenverbandes und jene Voreingenommenheit des prinzipiellen Standpunktes, welche wir in dieser Frage heutzutage immer häufiger bei den Sekretären der Interessenverbände antreffen" zu finden ist. Denselben wird man ebensowenig in meinen früheren Schriften — wenn man dieselben wirklich liest — entdecken können. Ich knüpfe an die gegebenen Verhältnisse an und bin gegen die Prinzipienreiterei, welche in einzelnen Fällen lieber ein bestimmtes, durch die Konkurrenz anderer Gebiete bedrohtes Land in der Entwicklung zurückbleiben läßt, als daß sie von einem als allein richtig erfaßten Gedanken abweicht, aber ich habe sowohl bei den letzten internationalen Binnenschifffahrtskongreß, wie auch in meiner von Kohn abgeurtheilten Schrift stets dagegen Front gemacht, daß man zur Zeit den Wasserstraßen in Bezug auf finanzielle Behandlung eine vollständige, allgemeine Sonderstellung zuweise. Man lese das den Zweck der Schrift auf das Bescheidenste einengende Vorwort, Kapitel 1 und S. 132 und 133 der zitirten Schrift, sowie mein Referat über den letzten internationalen Binnenschifffahrtskongreß im V. Versammlungsbericht des bayer. Kanalvereins und man wird zugeben, daß Cohn Unrecht hat, wenn er mir den gemäßigten Standpunkt abspricht. Wenn Cohn sobann bei der Besprechung der Krieleschen Schrift über die Elbeschiffahrt sich von den historischen Studien solche Mäßigung verspricht, so darf ich wohl bemerken, daß ich schon vor Kriele solche historische Studien zur Wasserstraßenfrage veröffentlicht habe. Davon erwähnt Cohn aber nichts. Dagegen spricht er von einem ausgesprochenen Gegensatz zwischen mir und Professor Schanz und begründet dies mit folgenden Worten: "Im Einzelnen zeigt sich ein ausgesprochener Gegensatz zwischen Schanz und Zöpfl, wenn z. B. Schanz die Ansicht bekämpft, es sei bedenklich, einen bisher freien Strom nach der Kanalisirung mit Gebühren zu belasten, wenn er sie mit dem Gegengrunde bekämpft, ein kanalisirter Fluß ist kein freier Strom mehr, sondern eine gebundene Wasserstraße; wenn dagegen Zöpfl sich "arg verwundert", daß Ulrich so weit geht, am liebsten auch wieder Flußzölle bei den Flußregulirungen einzuführen". — Cohn verwechselt hier offenbar Flußregulirung mit Flußkanalisirung, da sonst für den von ihm behaupteten Gegensatz ein Tertium comparationis nicht herauszufinden ist. Daß für die Kanalisirung eines Flusses, die doch etwas ganz anderes ist, als die Regulirung — wenn auch Laien die beiden Begriffe oft vertauschen —, keine Zölle erhoben werden sollen, dafür wird Cohn in meiner Schrift nirgends einen Beleg finden. Meine diesbezüglichen Ausführungen (S. 91) bauen sich vielmehr ganz auf die von Schanz gegebenen finanziellen Grundsätze auf. Für Flußregulirungen aber — von Ausnahmefällen wie bei der Unterweser und an dem eisernen Thor abgesehen — Flußzölle wieder einzuführen, das zu empfehlen, wird Professor Schanz wohl niemals einfallen. Unsere alten Vorkämpfer für Deutschlands wirthschaftliche Befreiung, die Büsch, Schlözer, Möser, Nebenius, List u. s. w. würden sich im Grabe herumdrehen, wenn sie von solchen Don Quixotereien an der Schwelle des 20. Jahrhunderts Kunde erhalten würden. Auch sie würden sich "arg verwundern" über die unverbesserliche »mira insania Germanorum«.

3) Hogrewe: "Praktische Anweisung zur Baukunst schiffbarer Kanäle", Hannover 1805. Auch frühere Schriftsteller wissen davon zu erzählen, z. B. Wissel in seiner Schrift "Von den Zöllen, besonders auf den schiffbaren Strömen in Deutschland", Zelle 1771. Nach Nuß (f. u.) beschäftigten sich auch Ferdinand II., Leopold II., Joseph I., Karl VI. und Maria Theresia mit der Idee eines Elbe-Donau-Kanals. In der Beilage 248 zu den stenographischen Protokollen des österr. Abgeordnetenhauses (XI. 1891) findet sich folgende historische Betrachtung:

"Wenn man bedenkt, daß schon unter Ferdinand III. anno 1653, also vor 238 Jahren, die Schiffbarmachung des Marchflusses als hohes Werk bezeichnet und als solches angeordnet wurde; daß ferner unter Kaiser Leopold I. anno 1701—1705 den Wasserstraßen speciell in Mähren und Niederösterreich wegen Hebung des Handels vom Orient per Donau alle Aufmerksamkeit zugewendet wurde, so ist es geradezu unglaublich und unbegreiflich, wie dieselben in der Jetztzeit, die sonst immer als die Zeit auch des volkswirthschaftlichen Fortschrittes gepriesen wird, in Österreich noch immer als bedeutungslos geradezu ignorirt werden können.

Der Volkswirtschaftliche Ausschuß erachtet es für nicht unwichtig, bei dieser Gelegenheit eine aus längst vergangener Zeit hervorgegangene, auch unsere Gegenwart charakterisirende Kundmachung dem hohen Hause der Abgeordneten ins Gedächtnis zu rufen." Diese Kundmachung (vom Jahre 1701) lautet, ins Deutsche übersetzt, wie folgt: „Es ist kundzumachen, daß Niemanden, der sich um das Vaterland und die Beförderung des Wohles desselben und seiner Einwohner kümmert, die Nützlichkeit des Blühens des Handels in allen Königreichen und Ländern verborgen bleiben kann und daß daher ernster Eifer und jederlei Bemühung angewendet werden müssen, um alle Hindernisse zu beseitigen und ihm nach Erforderniß der Dinge und Umstände jeden Vorschub zutheil werden zu lassen. So hat nun Seine erhabene kaiserl. und königl. Majestät, welche Ihrem ungarischen Königreiche eine wunderbare Fürsorge zuwendet, sich bestrebt, ihm eine so vorzügliche Wohlthat von Ihren auswärtigen und entlegeneren Provinzen und in Anbetracht dieses hiezu so günstigen Standes der Dinge zu verschaffen und die zur Verfolgung dieser Absicht nöthigen Anstalten vorläufig ausführen lassen, sowie auch einen schon vor vielen Jahren gefaßten Plan, wie der March genannte Fluß nicht nur schiffbar gemacht, sondern auch eine Einmündung desselben in die gewiß einen Fluß bildende Oder eröffnet und sonach eine segenbringende Verbindung beider Flüsse hergestellt werden könnte, bei Herannahen dieses Herbstes mittelst kaiserlichen Auftrages an Herrn Grafen von Thurn (Statthalter), Landeshauptmann von Mähren und in solchen Werken sehr erfahren, da auch die Provinzen Österreich und Mähren in gleicher Weise es herbeiwünschen und damit einverstanden sind, wieder aufzunehmen und ins Werk zu setzen befohlen.

Demnach hat diese sehr heilsame und entschieden zum Wohle des Königreiches Ungarn und zur Beförderung seines durch die Donau vermittelten Handels nach dem Oriente gefaßte allergnädigste Absicht, dieser ungarische Hof, hiemit desgleichen die Hofkammer, soweit es die an diesem Marchflusse gelegenen Einwohner und Grundherren Ungarns angeht, zur weiteren Bekanntmachung bei dieser ungarischen Hofkanzlei zu dem Ende mittheilen wollen, damit nach dem Beispiele der Stände Österreichs und Mährens dem genannten Herrn Grafen von Thurn und den von ihm zur Ausführung dieses Werkes auserwählten Mithelfern die Leistung allen Beistandes und ernster Durchführung der in einer Angelegenheit von so großer Wichtigkeit ergangenen, zu diesem Zwecke nothwendigen Verfügungen um so weniger erschwert werden, als sie sich überzeugt hält, daß dieses Seiner kaiserl. und königl. Majestät sehr genehme Werk von einem so bedeutenden, nur für des Vaterlandes Wohl erglühenden und äußerst sachverständigen Manne und Staatsdiener mit Hintansetzung aller Privatgewinnsucht in Angriff genommen werden wird."

4) W. Menzel: „Geschichte der Deutschen", I S. 464, ferner bei Häberlein: „Geschichte Karl V." 1776.

5) Becher empfiehlt in seinem „politischen Diskurs" (1673) unter anderen Kanälen auch einen Oder-Marchkanal und bemerkt, daß dieses Projekt „schon durch viele Ingenieure examinirt und zur Ausführung tüchtig erkannt sei". Bald nach ihm widmete ein italienisch und lateinisch schreibender Kanalfreund des 17. Jahrhunderts, Bogemonte, den Projekten ein ganzes Buch. Dasselbe — ich fand es in der Münchener Staatsbibliothek fein in Seide gebunden — betitelt sich: »Trattato intorno allo stabilimento del commercio, che introdur si protrebbe nella Germania; rendendo navigabili i fiumi di essa ed unendoli per mezo di canali, con il Danubio ed altri fiumi del mezzogiorno etc. composto da Lottario Vogemonte, Vienna d'Austria, Christoforo Lercher 1709«. Auf einer von Bogemonte's Karten ist eine »Conjunctio Danubii cum Moldava« angedeutet, aber ohne genauere Trace, dagegen gibt er für den Donau-Oderkanal ein technisch und wirthschaftlich begründetes förmliches Projekt. Die hierauf bezügliche Karte betitelt sich: »Conjunctio Danubii cum Odera vel per Moravam et Beczwan et per Vagum et Alsam«. Eine andere Spezialkarte wird sodann die Trace des Mähren dargestellt. Dieselbe verlauft von Amendorf an einem Seitenflusse der Oder zwischen Kamenz und Kotzendorf links an Porop vorbei, geht bei Meseritz über die Beczwa an deren hier einmündenden Nebenfluß. Von Porop zweigt sich ein rechtsseitiger Seitenkanal zur Beczwa ab, der über Weißkirchen, Lipnik nach Perezow geht. Im Uebrigen sind die Flußläufe im Grunde gelegt. Die Verantwortung für diese Trace, sowie auch für die Ortsnamen muß ich dem alten Bogemonte überlassen, der sich wohl kaum träumen ließ, daß sein Name nach 200 Jahren noch einmal genannt wird. Er verdient es aber deshalb, weil er in seiner Schrift eine Reihe wirthschaftsgeschichtlich interessanter Details überliefert. Er macht eingehende Mittheilungen über den Verkehr, über die Kanalprojekte, namentlich von Indien her, in dritter Linie kommt, insbesondere über den österreichisch-ungarischen Weinexport, der so bedeutend sei, daß er allein den Kanal rentabel machen würde. In letzterer Beziehung ist Bogemonte im Gegensatz zu der Majorität des letzten internationalen

Binnenschifffahrtskongresses der Ansicht, daß der Kanal sich verzinsen solle und erbietet sich, das Werk zu machen, ohne Aufwand der Fürsten und des Publikums mit 10 bis 12 Mill. Gulden Kapital, wenn man nur entsprechende Gebühren von dem Kanalverkehr erhebe. Er bemerkt, daß die Ausführung des Projektes nicht mehr lange auf sich warten lassen werde. Der Minister Baron von Sailer und Herr Lucchese, Superintendant der Fabriken hätten auf Wunsch Kaiser Ferdinands III. bereits ein genaues Projekt ausgearbeitet, der Obrist der Befestigungswerke Tenente in Wien, habe eine genaue Karte des Terrains aufgenommen und ein Unternehmer habe dem Herrn von Rosenberg bereits angeboten, den Ober-Donaukanal für nur 3 Mill. Gulden zu bauen. Vogemonte geht auf alle Einwände und Schwierigkeiten ein und widmet denselben je ein Kapitel seiner umfangreichen Schrift. Da wird der Konflikt der Interessen mit den österreichischen Erbländern erörtert, der Schwierigkeiten, die von den Provinzialständen und den Anliegern erhoben werden, gedacht und über die „Finanzkammer" mit jenen eisigen Worten des fortschrittsfreudigen, ungeduldigen Geistes geklagt, die für alle Jahrhunderte stereotypirt werden könnten.

6) Ueber diese anderen Projekte, die sich insbesondere auf eine Verbindung der Donau mit dem adriatischen Meere beziehen, findet sich das Nähere aus den Schriften von Maire (1786) und von Maillard (1817) bei Zels: (Zeles) „Schiffjahrtsprojekte aus der Josefinischen Zeit", Wien 1882, vergl. auch Romuald Coppieters be Tergonde: „Neu projektirte Kanalbauten", Wien 1881.

7) S. Joseph v. Schemerl: Vorschläge zur Erleichterung und Erweiterung der inländischen Schifffahrt und des Handels im Erbkaiserthum Oesterreich oder 2c. 2c." Wien und Triest, Geistinger 1810. J. A. Hanke (v. Hankenstein): „Versuch über die Schiffbarmachung der March und den Handel der Mährer". Wien und Brünn (mit Karte). Braumüller in seiner Schrift: „Der wichtigste Kanal Europas durch eine Vereinigung des schwarzen Meeres vermittels der Weichsel und des Dniester" 1815 bespricht einen Kanal von der Weichsel zur Oder und Beczwa und bemerkt, das Werk sei unter Joseph II. von Dorfleuten bereits begonnen im Jahre 1808 von Osterlam wieder „aufgefrischt" worden. Von dem Letzteren sei auch 1806 der baumwürdige Donau-Waag-Weichselkanal projektiert worden. Fast gleichzeitig mit Braumüller wurde vom Wiener kosmographischen Bureau und wahrscheinlich von dessen Chef, dem Freiherrn von Lichtenstern, die Frage aufgeworfen und abgehandelt: „Was wäre wohl das würdigste Denkmal des großen europäischen Völkervereins?" Der Verfasser gibt (im Allgemeinen Anzeiger des kosmographischen Bureaus, 1815, Nr. 2, S. 33) unter den vielen Vorschlägen, welche seit Kurzem zur Erhaltung des Andenkens an den großen Völkerbund und zur Verherrlichung dieses Ereignisses gemacht worden seien, der Idee den Vorzug, „mit dieser Begebenheit eine Anstalt in Verbindung zu setzen, welche ebensowohl geeignet ist, „die Dauer des geselligen Vereins zu erhalten, als selbst die imponirendsten Momente der „Großthaten unserer Heroen für Zeitgenossen und Nachwelt, in den gemeinnützigsten Gestalten „aufzustellen." Der Verfasser wiederholt sodann seinen schon vor 16 Jahren gemachten Vorschlag zur Herstellung einer schiffbaren Vereinigung fast aller österreichischen Erbstaaten mit vier Meeren und bemerkt nach ausführlichen Erörterungen besonders über einen Kanal von der Donau zum adriatischen Meere Folgendes: „Zu dieser Vereinigung der wichtigsten öster„reichischen Flüsse kommen noch die bereits früher vorgeschlagenen Verbindungen der Donau „und Oder durch die Flüsse March und Beczwa, dann der Donau und Moldau durch einen „schiffbaren Kanal, der obne Rosenberg an letzterem Flusse anzufangen hätte und unter Mautp„hausen an der Donau endete, wobei die Gewässer an der böhmischen Malsche und der Aist „benützt werden könnten."

8) „Zwei Abhandlungen über Frachtwägen und Straßen und über die Frage, ob und in welchen Fällen der Bau schiffbarer Kanäle, Eisenwegen oder gemachten Straßen vorzuziehen sei. Nach einer Untersuchung, ob die Moldau mit der Donau durch einen Schifffahrtskanal zu erreichen sei." Von Franz Ritter von Gerstner. Prag 1813. Gerstner erkannte auf Reisen in England rechtzeitig die Bedeutung der Eisenbahn und besonders die Bedeutung derselben für die Kanäle. Er schreibt 1825. „Als ich im Jahre 1822 die Eisenbahnen in England bereiste, mußte ich nicht wenig verwundern, die englischen Ingenieure, welche vormals für den Kanalbau so unbedingt eingenommen waren, nunmehr ebenso für die Eisenbahnen gestimmt zu sehen." Gerstner hatte damals Recht, daß er nicht nach bayerischem Vorbilde an der Schwelle des Eisenbahnzeitalters einen in den alten Dimensionen gehaltenen, in nur halb schiffbare Flüsse einmündenden, in der Trace einen großen Umweg beschreibenden Kanal baute. Nicht Recht aber hat später Sax, der in seinem Werke „die Verkehrsmittel in Staat und Volkswirtschaft" schreibt: „Eine ähnliche absurde Idee, die Verbindung der Moldau über ein Mittelgebirge mit der Donau, tauchte immer wieder auf, bis sie endlich im Anfange unseres Jahrhunderts durch Gerstner definitiv beseitigt wurde." Sax übersieht dabei die

neuere Entwicklung der Binnenschifffahrt, welche Gerstner nicht gekannt hat und welche eine neue Wasserstraßenfrage geschaffen hat.

9) Zu dieser ersten Aktion vergl. „Stenographische Protokolle des österreichischen Abgeordnetenhauses IX. Session und Beilagen 382 und 951 hiezu und die Einleitung in dem „Bericht des volkswirthschaftlichen Ausschusses über die Petitionen betr. die Herstellung künstlicher Wasserstraßen, insbesondere eines Donau-March-Oder eventuell Donau March-Oder-Weichsel, sowie eines Donau-March-Elbkanals", Beilage 248 zu den stenogr. Protokollen des Abgeordnetenhauses, XI. Session 1891.

10) Siehe hierüber „Bericht des volkswirthschaftlichen Ausschusses" 2c. 1891, S. 1 (Beilage 248); Beilage 312, XI. Session 1891, Bericht des volkswirthschaftlichen Ausschusses über die Petitionen, betreffend die Regulierung der Elbe von der Einmündung der Aupa und Mettau abwärts bis Königsgrätz, Beilage 367, XI. 92. Bericht des volkswirthschaftlichen Ausschusses über die Petitionen, betreffend die Regulirung der Flüsse March und Oder in Mähren. Beilage 386, XI. 92.

11) Der Donau-Oder-Kanal, Wien 1872. C. Becker: „Die Oder und ihre Gebietsfläche"; Berlin 1864. C. Fessel: „Die Schiffbarmachung der Oder"; Oppeln 1873. Herr: „Die generellen Vorarbeiten für den Oder-Lateralkanal und den Weichsel-Oderkanal"; Breslau 1879/80. Schlichting: „Anlage einer Wasserstraße von der Donau bei Wien bis Oderberg"; Berlin 1881. Das im Jahre 1873 von den Ingenieuren Ponzen und Oelwein verfaßte Detailprojekt wäre, wenn damals ausgeführt, zweifellos inzwischen von Einflusses auf die Entwickelung des Handels und der Industrie gewesen und hätte im Export österreichischer und ungarischer Bodenprodukte bereits eine Rolle gespielt. Dieser Kanal war als Lateralkanal zur Oder und mit 84 Kammerschleusen projektirt, für Boote von 350 Tonnen Ladung, mit 12 Meter Sohlenbreite und 2,0 Meter Wassertiefe, mit Schleusen von 7,0 Meter Breite und 57,5 Meter nutzbarer Länge. Die effektiven Baukosten für diesen Kanal waren im Jahre 1881 mit 38½ Millionen Gulden veranschlagt worden und hätten sich bei Erhöhung der Ladefähigkeit der Bote auf 450 Tonnen und entsprechender Verbreiterung des Kanals und der Schleusen auf rund 43 Millionen Gulden gestellt. Infolge der großen Zahl der Haltungen und Schleusen hätte die Fahrt Wien-Oderberg bei 3 Kilometer pro Stunde und bei ununterbrochener Fahrt 112 Stunden gedauert. Die Transportkosten pro Tonnenkilometer sollten sich inklusive Verzinsung und Amortisation der Boote und Motore, der Kosten des Ein- und Ausladens, Schiffergewinn 2c., bei 2 Mill. Tonnen Verkehr und bei 25% Rückfracht durchschnittlich pro Tonnenkilometer auf 0,5 bezw. 0,4 kr. stellen. Für die Beschaffung des zur Schleusung erforderlichen Wassers sind speziell im Niederschlagsgebiete der Beczwa große Thalsperren vorgesehen worden. Dies sind die wichtigsten Daten über das alte Projekt. (Oelwein: „Bericht über den Donau-Oder-Kanal", Wien 1893). Ein anderes Projekt aus der damaligen Zeit, das mir litterarisch nicht zugänglich war, beruhte auf der Kanalisierung der oberen Oder, der March und der Beczwa, während Oelwein Seitenkanäle empfahl.

12) So in dem Expertenbericht, welcher dem Wasserstraßenausschuß des österreichischen Abgeordnetenhauses vorlag und von Professor Oelwein, Taussig und Pobhagsky ausgearbeitet war und auf Grund dessen die Resolution vom Jahre 1881 im Landtage gefaßt wurde. Das Wesentliche hieraus ist mitgeteilt bei Oelwein: „Ausbau der Wasserstraßen in Mitteleuropa, Wien, 1822. Die wichtigsten Daten sind folgende:

Dimensionen 2c.: Type, welche vom Berliner Zentralverein für Hebung der deutschen Fluß- und Kanalschifffahrt aufgestellt ist, jedoch mit 14,0 m Sohlenbreite. Schleusenzahl 84. Fahrgeschwindigkeit 3 km. Kanallänge 276 km.

Transportkosten bei Kettenschleppschifffahrt und 400 Tonnen Tragfähigkeit je nach der Rückfracht von 20, 30 oder 40% pro Tonnenkilometer bei

1 000 000 M. T.	0,41	0,38	0,36 kr.
1 500 000 „ „	0,39	0,37	0,35 „
2 000 000 „ „	0,38	0,36	0,34 „

Transportkosten bei Pferdezug je nach der Rückfracht 0,58, 0,54, 0,50 kr.

Anlagekapital inkl. Häfen pro km 140 220 fl.; Zins, Amortisation 5,2%, also pro km 7291 fl. jährlich. Verwaltungs- und Unterhaltungskosten 700 fl. pro km. Es ist also aufzubringen 8000 fl. pro km, dies erfordert an Gebühr pro Tonnenkilometer

bei	1	Mill. Tonnen Verkehr	0,800	kr.
„	1,5	„	0,533	„
„	2	„	0,400	„

Gesammt-Betriebskosten der Kanalfahrt:

	20 Prozent	30 Prozent	(Rückfracht) 40 Prozent
bei Kette und 1 Mill. T. Verkehr	1,21	1,18	1,16
„ „ „ 1,5 „ „ „	0,92	0,90	0,88
„ „ „ 2 „ „ „	0,78	0,76	0,74
bei Pferdezug und 1 „ „ „	1,38	1,34	1,30
„ „ „ 1,5 „ „ „	1,11	1,07	1,03
„ „ „ 2 „ „ „	0,08	0,94	0,90

Tarif: Die Betriebskosten an sich bedingen einen Tarif, der gegenüber den Eisenbahnen nicht recht aufkommen kann. Oelwein legte deshalb einen niedrigeren Tarif zu Grunde, und zwar an Transportkosten wie oben je nach 1 Million 1½ bis 2 Millionen Tonnen Verkehr, davon aber als Bestandtheil für Kettenschleppschifffahrt nur ³/₄ zu 0,41 kr., 0,40 kr., 0,39 kr.; als Bestandtheil für Pferdezugschifffahrt ¼ mit 0,58 kr. Rechne man nun nach Erfahrungen auf anderen Kanälen einen Tarif von 0,92 kr. pro Tonnenkilometer, so bliebe bei 1 540 000 Tonnen Verkehr so viel Nettoertrag, daß sich eine 5,2 %ige Verzinsung und Amortisation ergebe; auf dieser Grundlage baut nun Oelwein einen Klassentarif auf. Dieser Durchschnittstarif war schon etwas niedriger, als der in dem ersten Projekte von 1873 zu Grunde gelegte, bei welchem die Tonne Kohle von Ostrau bis Wien 2,44 fl. kostete, während sie nach diesem Tarife von 0,92 kr. 2,16 fl. kostete. Es galt nunmehr nachzuweisen, daß 1 540 000 Tonnenverkehr zu erwarten sei und daß die 3 Klassentarife gegen die Bahn aufkommen können. Ein Vergleich mit der von Oelwein aufgestellten Tariftabelle der Kaiser Ferdinand-Nordbahn, der österr. Nordwestbahn, der österr. Staatseisenbahn-Gesellschaft und der Kaiser Franz Josef-Bahn ergab ein günstiges Resultat. Es frägt sich nur, war dieser Durchschnittsfrachtsatz von 0,92 kr. pro Tonnenkilometer richtig? Für die damalige Zeit vielleicht. Inzwischen haben sich aber die Durchschnittstarife für Großschifffahrtsfracht, wie auch jene der österr. Bahnen erniedrigt. Die Berechnung des 1 540 000 Tonnenverkehrs ist bei Oelwein ganz allgemein. Er verweist als Beispiel auf den durch die Eisenbahnen von 1860—1880 bei der Kaiser Ferdinands-Nordbahn auf das 5 fache, bei der oberschlesischen Bahn in 17 Jahren auf das 8 fache gestiegenen Kohlenverkehr bei einem gleichzeitigen Sinken der Eisenbahntarife um 49 % bezw. 34 %. Er nimmt nun an, daß 50 % des gesteigerten Verkehrs durch die Tarifherabsetzung hervorgerufen worden sind und glaubt, daß durch die weitere Frachtermäßigung von 50—70 %, welche der Kanal bringe, der Kohlenverkehr sich auf diesen Routen mindestens verdoppeln werde. Er erwartet die Steigerung der Produktion nicht vom ersten Jahre, aber in 5—10 Jahren. Er hofft, daß die Kohle von Ostrau siegreich bis Triest und Italien vordringen und die englische Kohle verdrängen werde. Dadurch, daß der Süden Oesterreichs für die oberschlesische und mährisch-schlesische Kohle gewonnen wird, erhofft er sich auf diese Weise die Steigerung des Konsums, die nothwendig ist.

13) Vom Standpunkt der Landesmelioration ist besonders zu vergleichen: Skene, der Donau-Oberkanal, Wien 1886 und die Referate von Oelwein und Rosel beim land- und forstwirthschaftlichen Kongreß in Wien (1890). Die in der „Monographie der Elbe und der Donau" (Druckschrift des II. internationalen Binnenschifffahrtskongresses 1886) enthaltene Beschreibung des Donau-Oder-Kanal-Projektes enthält auch ein Kärtchen, aus welchem die Trace und die geplante Wasserversorgung mit Reservoirs ersichtlich wird. Die „Denkschrift über den Ausbau der Wasserstraßen in Oesterreich und über den Bau eines Donau-Oder-Kanales", herausgegeben vom Klub der Land- und Forstwirthe" (Wien 1884) steht gleichfalls auf dem Boden des Projektes von Oelwein, Poblagsly und Taussig und enthält noch einige technische Details. Recht deutlich zeigt sich darin, wie sich ein Kanalprojekt unter dem Einfluß der Entwicklung anderer, in organischer Verbindung stehender Projekte fortentwickelt. Nachdem 1882 für den Rhein-Weser-Elbekanal Dimensionen für 500 Tonnenschiffe beschlossen wurden, werden jetzt auch für den Donau-Oder-Kanal solche Dimensionen gefordert und zwar 15 m Sohlenbreite, 8 m Schleusenbreite und 65 m Schleusenlänge. Die mit 140 000 fl. früher berechneten Kilometeranlagekosten werden um 3 %, auf 144 000 fl erhöht, die Betriebskosten um 5—6 % reduziert (!), die Gesammtkosten, die 1881 mit 38 280 000 fl. veranschlagt wurden, auf 39 428 000 fl erhöht. Dementsprechend werden auch die oben mitgetheilten früheren Transportkosten etwas modifiziert und an Zugkosten bei Kettenschleppschifffahrt folgende Berechnung für ein 500 Tonnenschiff aufgestellt:

Bei Verkehr von 500 000 Tonnen 0.37 kr. pro Tonnenkilometer

Die 5%ige Zins-, Amortisations- und Unterhaltungsquote von 144 000 fl. steigt auf 8208 fl.; ein Durchschnittstarif von 1 kr. pro Tonnenkilometer und ein Klassentarif von 1,8 und 1,3 und 0,8 kr. wird festgestellt, eine Frachtdifferenz gegenüber den inzwischen ermäßigten Nordbahntarifen von 50—70% ausgerechnet und bei einem Verkehr von 1 400 000 Tonnen eine 5%ige Verzinsung des Anlagekapitals festgestellt. Für das Zustandekommen dieses Verkehrs werden sodann einige Anhaltspunkte gegeben. Der Einwand, daß die Wintersperre und die Lagerungspesen die Frachtdifferenz absorbiren, wird mit folgender Berechnung widerlegt:

„Der Transport einer Tonne Kohle von Ostrau nach Wien kostet
auf der Nordbahn. . . . . fl. 5.76
auf dem Kanal. . . . . „ 2.40
Die Ersparniß beim Kanaltransport beträgt daher . . „ 3.36

Rechnet man rund fl. 3.20 so ergibt sich Folgendes: „Zur Einlagerung einer Tonne Kohle braucht man 1 Quadratmeter oder ⅓ Quadratklafter Grund, der 2 fl. kosten soll. Die 5% Zinsen von 2 fl. betragen 10 kr., die also durch Einlagerung verloren gehen, wenn man den Zins für das ganze Jahr rechnet. Bei einer Tonne Kohlen werden also beim Kanaltransport rund fl. 3.20 erspart und 10 kr. durch Lagerung verloren. Dies gibt noch eine Totalersparniß von fl. 3.10."

In dem mehrfach zitirten Ausschußbericht (Beilage 248, 1891) wurde das Anlagekapital bei 500 Tonnenschiffen auf 43 Millionen, die Transportkosten auf 0,4 kr., der mittlere Tarifsatz pro Tonnenkilometer mit 0,8 kr. und der zu einer 4%igen Verzinsung nothwendige Verkehr mit 1 820 000 Tonnen berechnet und derselbe — jedoch ohne detaillirte Beweisführung — schon für das erste Jahr erwartet. Hier findet sich auch einiges Material über die Bedeutung des Donau-Oder-Kanals für die Zuckerindustrie. An Litteratur erwähne ich ferner: Klunzinger: „Der Wiener Donaukanal als Schifffahrtskanal" (Einmündung des Donau-Oberkanales in Wien!), dann verschiedene Publikationen des Wiener Donauvereins, des österreichischen Architekten- und Ingenieurvereins und des Klubs der Land- und Forstwirthe, insbesondere in den Zeitschriften der Ersteren, dem „Danubius" und der „Zeitschrift des österreichischen Ingenieur- und Architektenvereins", ferner in der „Zeitschrift für Eisenbahnen und Dampfschifffahrt". Die Schrift „Diskussion über den Ausbau der Wasserstraßen in Oesterreich, gehalten im Klub der Land- und Forstwirthe", Wien 1891, steht auch noch auf dem Standpunkte des alten Projektes, enthält aber wieder einige neue statistische Details und bereits den Hinweis auf die Schiffshebewerke. Einige wirthschaftliche Details finden sich auch bei Wetzler: „Der kommerzielle Werth des DonauOder-Kanales", 1891, und bei Zels: „Die Selbstkosten des Eisenbahntransportes ꝛc., Wien 1886." Eine besondere Stellung nimmt ein: E. de Saint-Hubert, »Vienne port de mer«, Brüssel und Namur 1881. Der Verfasser verlangt in dieser Schrift:

1) Die Anlage eines Donau-Oder-Kanals von Wien nach Oderberg in einer Länge von etwa 300 km.
2) Die Anlage eines Donau-Elbe-Kanals von Kremsier bis zur sächsischen Grenze zum späteren Anschluß an einen Elbe-Spree-Kanal in einer Länge von annähernd 400 km.
3) Die Anlage einer Anzahl kleinerer Kanäle Prag—Elbe, Prag—Budweis, Prag—Beraun und Lundenburg—Brünn in einer Länge von insgesammt 275 km.
(Bei einem durchschnittlichen Erforderniß von etwa 160 000 ℳ für die Baukosten je eines Kilometers dieser „nach verbessertem System und unter rationeller Benützung der vorhandenen Flußbette" projektirten Kanäle berechnet der Verfasser der erwähnten Schrift das gesamte Anlagekapital für dieses Kanalnetz mit Einschluß der Expropriationskosten auf 220 Mill. Mark und deren einstige [!] Verzinsung auf 9% [!].)
4) Die Regulierung der unteren Elbe auf sächsischem und preußischem Gebiet.
5) Die Verbindung der Oder mit der Elbe durch einen Seitenkanal von Frankfurt a. O. nach Berlin — Hamburg und Berlin — Bremen, sowie die Verbindung der Oder mit der Weichsel unter Regulirung der Letzteren von Krakau bis Danzig.

14) v. Nördling: „Die Selbstkosten des Eisenbahntransportes und die Wasserstraßenfrage", Wien 1885, dazu: „Neues über die Wasserstraßenfrage", Wien 1886. So schätzbares Material diese Schrift sonst enthält, so dürftig ist der Schluß, die Pointe des ganzen Buches, in welchem die österreichischen Kanalprojekte abgethan werden sollen. Was auf den zwei Seiten (S. 183—184) gegen das Donau-Oderkanalprojekt gesagt wird, ist höchst unzureichend und namentlich bei den inzwischen geänderten Verhältnissen gegenüber gar nicht einmal mehr lesenswerth. Nördling geht von dem alten französischen Kanalsystem aus, kennt nur Pferdeschifffahrt auf den Kanälen, er blickt mit einem Worte bei der Betrachtung der Eisenbahnen vorwärts, bei den Wasserstraßen rückwärts. Für ein Donau-Elbe-

Kanalprojekt kann er sich gar keinen Verkehr denken, so daß man bei seinen Auslassungen den Eindruck gewinnt, daß den neuen Elbe-Donaukanal auch nicht ein einziges Schiff befahren werde. Die prinzipiellen, verkehrspolitischen Erörterungen, die in Nördling's Schrift eine große Rolle spielen, lasse ich, wie ich einleitend bemerkt habe, als unreif bei Seite.

15) Vergl. Bericht des volkswirthschaftlichen Ausschusses rc. Nr. 248 S. 5 und 7.
16) S. die gleichbetitelte Schrift von Zels, dann den Aufsatz „Herr v. Nördling und die Konkurrenz von Wasserstraßen und Eisenbahnen" von Sympher in Schmollers Jahrbuch 1885. Neuerdings hat sich auch von der Borght in seinem Handbuch des Verkehrswesens mehrfach gegen Nördling gewendet.
17) Referat von Oelwein in der 42. Plenarversammlung der Gesellschaft österreichischer Volkswirthe (nach dem Berichte in der volkswirthschaftlichen Wochenschrift von Alex. Dorn, 25. Jan. 1894). Die Daten über das neue Projekt entnehme ich ferner aus Oelwein's: Bericht über den Donau-Oberkanal, Wien 1893 (Mittheilungen des Donauvereins). Hier finden sich auch einige volkswirthschaftliche Bemerkungen, desgl. in dem Separatabdruck aus der Wiener landwirthschaftl. Zeitung: „Die Wasserstraßenfrage in Oesterreich" von Oelwein, Wien 1894. Im Einzelnen ist Folgendes zu bemerken:

Der Kanal zweigt gegenüber Nußdorf von der Donau ab. Er erhält folgende Haltungen und an den diese verbindenden geneigten Ebenen folgende Gefälle:

Haltung	Länge km	Seehöhe des Wasserspiegels m	Gefälle der geneigten Ebene m
1) Wien—Göding	100	160,0	18,5
2) Göding—Jaroschau	37	178,5	26,5
3) Jaroschau—Aujezd bei Perau	46	205,0	35,0
4) Aujezd—Mähr.-Weißkirchen	25	240,0	43,5
5) Mähr.-Weißkirchen — Kunewald (Scheitelstrecke)	25	283,5	35,0
6) Kunewald—Groß-Peterswald	16	248,5	20,5
7) Groß-Peterswald—Mährisch-Ostrau	15	228,0	16,0
8) Mährisch-Ostrau—Hruschau	5	212,0	—
9) Hruschau—Oberberg	5	202,0	—

Das größte Gefälle hat die schiefe Ebene bei Mährisch-Weißkirchen mit 43,5 m auf 1151,25 m Länge. Die geneigten Ebenen sind meist an Kreuzungen mit Flüssen angeordnet um die nöthige Höhe für die Uebersetzung derselben zu gewinnen. Der neu ausgebaute Wiener Donaukanal bildet die natürliche Fortsetzung des Donau-Oberkanals in's Herz der Stadt Wien. Der Kanal berührt von Wien aus bis Angern das Marchfeld durchquerend im Marchthale die Orte und Städte: Stillfried, Dürnkrut, Drösing, Hohenau, Landshut, Türnitz, Göding, Rohatetz, Bisentz, Nedakonitz, Ungarisch-Hradisch, Napagebl, Thumatschau, Hullein, Aujezd; im Beczwathale: Thein, Mährisch-Weißkirchen; auf der Scheitelhaltung: Barnsdorf; im Oberthale: Kunewald, Neuhübl, Groß-Peterswald, Alt-Biela, Zabrech, Wittkowitz, Mährisch-Ostrau, Hruschau und Oberberg. In allen diesen Orten sind Häfen vorgesehen, der Ausgedehnteste ist jener in Wittkowitz-Mährisch-Ostrau, im Uebrigen ist das Laden und Löschen an jedem Punkte des Kanals möglich. Die Strecke Wien-Oberberg hat eine Länge von 274 km, der Flügelkanal von Aujezd nach Perau eine solche von 1,6 km, von Hruschau nach Reichswaldau von 6,3 km, zusammen 281,9 km. Die Dimensionen des Kanals und seiner Bauwerke sind im Allgemeinen dieselben, wie sie an den kanalisirten Oder und jüngst erbauten Oder-Spree-Kanal zur Ausführung kamen, wo die Schleusen eine Breite von 8,6 m und eine nutzbare Länge von 57,5 m erhalten haben. Die Dimensionen des Oder-Spreekanals erhielten auch die Kammern an den geneigten Ebenen, die gekuppelten Schleusen bei Hruschau und die Fluthschleuse zur Donau; nur hat der Kanal auf der Strecke Wien — Göding eine Wassertiefe von 3,0 m, für die übrige Strecke 2,2 m bei 17,0 m Sohlenbreite. Bei 1,8 m Tauchung können somit auf diesem Kanale Boote mit 600 bis 700 Tonnen Ladung verkehren. Die Durchquerung des Marchfeldes bei Wien ermöglicht eine theilweise Bewässerung des Marchfeldes. Der Kanal ist durchwegs doppelschiffig vorgesehen, um einen Tag- und Nachtverkehr ohne Hindernisse durchführen zu können. Der obere Theil der Kanalböschungen ist mit Rücksicht auf eine eventuell einzuführende Geschwindigkeit von mehr als 3 km per Stunde auf der ganzen Strecke des Kanals gepflastert. Die Objekte erhalten durchwegs gemauerte Widerlager. An beiden Seiten des Kanals sind 4 m breite Wege vorgesehen. Was die Wasserversorgung betrifft, so wurde für die Verdunstung und Versickerung in den ersten Jahren ein Verbrauch von 1000 m³ pro km angenommen, d. i. 274 000 m³ pro Tag für den Hauptkanal oder 3,2 m³ pro Sekunde. Dieser Bedarf wird gedeckt von Wien nach Göding auf 100 km mit 1,17 m³ pro Sekunde aus der Donau, von da bis inkl. Wasserscheide auf 138 km mit 1,54 m³ aus der March und ist zu diesem Zwecke von Olmütz bis Prerau ein Zubringer vorgesehen, der mit geringen Kosten in einen einschiffigen Kanal umgebaut werden kann. Von Kunewald bis Oderberg beträgt der Wasserverbrauch nur 0,4 m³ pro Sekunde und wird aus der Ostrawitza und Oder beschafft. Die Zwillingsschleusen bei Hruschau werden aus der Oder gespeist.

18) Die hauptsächlichsten Ziffern sind folgende: Kosten des Kanalbaues pro km 255 400 fl. Durchschnittstransportkosten 0,28 kr. pro 500 Tkm. bei 500 T. Ladung, 25 % Rückfracht und 3 km pro Stunde Geschwindigkeit, bei 50 % Rückfracht 0,22 kr. und bei 100 % 0,18 kr. Behufs Verzinsung, Amortisation und Verwaltung soll als Péage 0,5 kr. erhoben werden, also Durchschnittstarif 0,5 + 0,28 kr. = 0,78 kr. Damit bleibt man um 50 % unter den Durchschnittstarifen der Eisenbahn, welche für die österr.-ungar. Bahnen mit 1,895 kr. und für die Nordbahn mit 1,670 kr. berechnet werden (auf den deutschen Bahnen mit 1,17 kr.). Unter der Voraussetzung von Transportkosten auf der Donau, wie sie die Donau-Dampfschiffahrtsgesellschaft berechnet, ferner bei Transportkosten am Kanal von 0,75 kr. pro km und 0,4 kr. auf den norddeutschen Wasserstraßen, auf welchen eine Péage nicht erhoben wird, stellt sich die Bahn- und Wasserfracht pro T. Getreide, wie folgt:

Strecke	Eisenbahn		Wasserstraße				Ersparniß in %
	Weg in km	Transportkosten in fl.	Weg in km	Transportkosten in fl. ö. W.			
				Donau Wien	Donau-Oder-K. à 0,75 kr.	Deutsche Wasserstraße à 0,4 kr.	Summa
Neusatz a. Donau-Frankfurt a. O.	1126	26,94	1,441	6,90	2,06	1,80	10,76	60
Neusatz a. Donau—Berlin	1210	27,42	1,511	6,90	2,06	2,08	11,06	60
Neusatz a. Donau—Stettin	1257	31,02	1,581	6,90	2,06	2,38	11,32	63
Budapest—Frankfurt a. O.	858	20,28	1,003	4,10	2,06	1,80	7,96	61
Budapest—Berlin	940	20,67	1,073	4,16	2,06	2,08	8,24	60
Budapest—Stettin	989	24,24	1,143	4,10	2,06	2,36	8,52	65
Wien—Frankfurt a. O.	637	16,14	724	—	2,06	1,80	3,86	76
Wien—Berlin	704	16,50	794	—	2,06	2,08	4,14	75
Wien—Stettin	768	19,80	864	—	2,06	2,36	4,42	78

19) Bei diesem Projekt ist die Wasserscheide etwa + 520 hoch gelegen und es soll an dieser Stelle eine schiefe Ebene zur Anwendung kommen. Die Scheitelhaltung selbst würde sodann nur + 422 m hoch zu liegen kommen. Die schiefe Ebene soll also 100 m Höhe überwinden und später, wenn es der Verkehr erfordert, durch einen 5 km langen Tunnel ersetzt werden. Außerdem sind 102 gewöhnliche Schleusen à 3 m Gefälle und 13 Schachtschleusen von je 15 m nothwendig. Die Baukosten sind mit 40 Mill. fl. veranschlagt.

20) Viktor Ruß: „Ein Donau-Elbekanal", Prag 1882 — derselbe: Eine Schifffahrtsstraße Donau-Moldau-Elbe nebst den Gutachten der Experten von Czedik, Steingräber, Deutsch, Oelwein und Pfaff. Wien 1884. Die in der Monographie der Elbe und der Donau (Drucksachen des II. internationalen Binnenschiffahrtskongresses) enthaltene Schilderung des Donau-Elbekanalprojektes von Deutsch ist mit diesem Gutachten im Wesentlichen übereinstimmend. Beide Schriften von Ruß stützen sich auf die Daten der Experten. Folgendes möge erwähnt sein:

Technische Daten. Die aus vielen Varianten von den Experten übereinstimmend gewählte und allein ohne maschinelle Hebevorrichtungen speisbare Trace, welche die Moldau unmittelbar vor Budweis trifft, verläßt die Donau nächst Korneuburg, umfaßt einen Kanal von 222 km und die kanalisirte Moldau in einer Länge von 246 km bis Melnik. An der Scheitelstrecke, 551 m über der Adria, fände sich eine Haltung von 76 km Länge. Der Kanal solle im Aufstieg 130, im Abstieg zur Moldau 55 Schleusen haben, die kanalisirte Moldau deren 62, so daß auf eine Schleuse 1,8 km Haltung käme. Dieser Kanallänge von 468 km gegenüber verbinden Melnik mit Wien: Die Staatsbahngesellschaft mit 458 km, die Nordwestbahn mit 373 km, die Franz Josephsbahn (bis Prag 310 km und von da an Staatsbahn) mit 398 km. Dieser Donau-Elbekanal wäre daher um 10 km länger als die Staatsbahn, um 95 länger als die Nordwestbahn, um 70 länger als die Franz Josephs- und Staatsbahn. Auch die schwierige und hochwichtige Frage der Speisung des Kanals, besonders an der Scheitelstrecke, haben die Experten studirt; sie nahmen die ungünstigsten Erfahrung für Verdunstung und Versickerung und den denkbar dichtesten Verkehr an, die Durchschleusung von 29 Booten in jeder Richtung (während für den anfänglich angenommenen kilometrischen Verkehr 1,43 Millionen Tonnen täglich 11—12 Boote in jeder Richtung genügen würden). Ein Vergleich der Niederschlagsmengen, die Annahme eines geringen (25) Prozents für Tagwässer, die Messungen der Abflußmengen der Leinitz und Moldau u. s. w. führten zu der Ueberzeugung, daß Reservoirs von 15 Mill. kbm leicht im Winterquartal zu füllen sind und daß für einen Verkehr von 1,5 Mill. Tonnen bei einem täglichen Wasserverlust von 118 000 kbm die sofort zu errichtenden Thalsperren nur über 8 Millionen kbm Wasser anzusammeln hätten. Die Experten wählten eine Sohlenbreite von 16 m, eine Wassertiefe von 2 m, eine nutzbare Länge der Schleusen von 65 m und eine Breite von 8 m für Schiffe bis zu 500 Tonnen Tragfähigkeit.

Anlagekosten: Die höchsten Ziffern dieser approximativen Voranschläge der Experten betragen pro km Kanal 236 000 fl., pro km kanalisirter Moldau 65 500 fl., zusammen 69 552 000 fl. oder pro km des Wasserwegs durchschnittlich 143 700 fl.

Verkehrsmenge: 1,8 Millionen Tonnen mit einer mittleren Transportdistanz von 375 km, somit einen kilometrischen Verkehr von 1,42 Millionen Tonnen.

Zugskosten:

Frachtmenge in Tonnen	Im Kanal		In der Moldau	
	kr. österr. Währ., per Tonnenkilometer bei Tragfähigkeit der Schiffe von			
	400 T.	500 T.	400 T.	500 T.
a. für die Tauerei				
500 000	0,46	0,42	0,50	0,44
1 000 000	0,43	0,38	0,48	0,42
2 000 000	0,42	0,36	0,47	0,40
b. für den Pferdebetrieb	0,82	0,48		

Péage: Für 5,2% der kilometrischen Anlagekosten . . . . 7 400 fl. 40 kr.
Bedienung und Erhaltung . . . . 700 „ — „
zusammen . . 8 100 fl.

das heißt pro Tonnenkilometer bei einem Verkehr
von Millionen Tonnen 0,5 . . . . 1,62 Kreuzer österr. Währ.
„   „   „   1,0 . . . . 0,81 „   „   „
„   „   „   2,0 . . . . 0,40 „   „   „

Tarife: Durchschnittstarif von 1,05 kr. I. Kl. 1,75 kr., II. Kl. 1,312 kr., III. Kl. 0,875 kr.

Rentabilität: Bei einem kilometrischen Anlagekapital von 142 000 fl. und einem kilometrischen Verkehr von 1 400 000 Tonnen eine 5,2 prozentige Rentabilität.
Zeit: Der Bau der Wasserstraße soll höchstens fünf Jahre in Anspruch nehmen. Die Herstellungskosten sollen demnach erst in diesem Zeitraum ratenweise ihre Deckung finden. Nachdem in dem Expertengutachten mit Annahme von 10% Bauzinsen über 69 Mill. fl. als Anlagekosten berechnet sind, so soll die Ziffer von 70 Mill. fl. als Basis gelten, wonach auf jedes der fünf Baujahre rund 14 Mill. fl. entfallen würden.

Im Einzelnen variiren die Gutachten der drei Experten, sowie das Gutachten der Regierung in etwas. An Péage wird auch 1,86, 0,84, 0,42 kr. berechnet und für die Gesammtbetriebskosten und Tarif dann folgende Berechnung aufgestellt:

Bei einem Verkehr von Mill. T.	Betriebsausgaben				Betriebseinnahme		Verzinsung und Amortisation des Anlagekapitals in Prozenten
	Zugskosten		Erhaltung u. Bedienung in fl. ö. W.	Zusammen fl. ö. W.	brutto	netto	
	pr. Tkm. ¼ Pfdtr. ¾ Tauerei kr.	pr. km in fl. ö. W.			fl. ö. W.		
0,5	0,49	2450	900	3350	5500	2150	1,50
1,0	0,47	4700	900	5600	11000	6400	3,06
2,0	0,47	9400	900	10300	22000	11700	8,14
1,3	0,47	6110	900	7010	14300	7290	5,07

Die nachfolgende Berechnung zeigt die Resultate verschiedener Tarifsätze (zwischen 1 und 1,138 kr.) bei 1,3 Mill. Jahresverkehr:

Durchschnittstarif per Tkm.	Betriebsausgaben				Betriebseinnahme		Verzinsung und Amortisation des Anlagekapitals in Prozenten
	Zugskosten		Bedienung u. Erhaltung in fl. ö. W.	Zusammen fl. ö. W.	brutto	netto	
	pr. Tkm. in kr. ö. W.	pr. km in fl. ö. W.			fl. ö. W.		
1,0 1,05 1,1 1,138	0,47	6110	900	7010	13000 13650 14300 14794	5990 6640 7290 7784	4,17 4,62 5,07 5,42

Oelwein findet bei der Annahme von 1,8 Mill. T. Verkehr, einer kilometrischen Quote von fl. 700 für Erhaltung und Bedienung und bei einer Voraussetzung eines Tarifes von 1,05 kr. pro Tkm., sowie eines kilometrischen Anlagekapitals von 142 000 fl. eine Verzinsung des Letzteren mit 7% (!).

Wie oben gezeigt, einigte man sich aber schließlich auf einen Verkehr von 1,4 Mill. T. und näherte sich damit dem Regierungsgutachten.

21) Denkschrift über den Donau-Moldau-Elbekanal von Ingenieur J. Kaftan, Wien und Prag 1893; außerdem erwähne ich Petrlik: „Der Donau-Moldau-Elbekanal", Prag 1893.
22) „Die Thätigkeit des Komité's für die Erbauung eines Donau-Moldau-Elbekanals" im „Danubius" Nr. 16, 1895 (18. April)
23) Der Donau-Moldau-Elbekanal im Zentralblatt der Bauverwaltung 1894.
24) Ueber den Moldau-Elbeverkehr macht B. Ruß in der Bohemia 1894 Nr. 50 folgende Bemerkungen: Welche Bedeutung die Elbstraße für unseren internationalen Waarenaustausch genommen hat, möge eine Reihe von abgerundeten Ziffern erhärten; eine Vergleichung des Grenzverkehrs in den Jahren 1872 bis 1891 zeigt, welchen geradezu beispiellosen Aufschwung die Schifffahrt genommen hat. Es passirten in erstgenannten Jahre die sächsische Grenze 5366 und nach zwei Jahrzehnten 17 938 Segel- und Schleppschiffe (Dampfschiffe aller Art nicht eingerechnet), in erstgenannten Jahre 440 400 Tonnen, im letztgenannten 3 238 600 Tonnen Güter, wobei Flöße und Floßholz nicht inbegriffen sind, also um 736% mehr als 1872. In der Ausfuhr stiegen Kohle von 349 900 auf 1 933 400 Tonnen, Zucker von 3800 auf 238 000 Tonnen, also um 477%, Getreide von 16 300 auf 72 200 Tonnen, also um 343%, Mahlprodukte von 159 auf 32 800 Tonnen, also um 20 551%. In der Einfuhr, b. h. im Bergverkehr stiegen Baumwolle von 1107 auf 20 000 Tonnen, also um 1714%, Eisen von 2530 auf 24 100 Tonnen, also um 852%, Salz von 7400 auf 23 300 Tonnen, also um 214%, Reis von 1330 auf 18 800 Tonnen, also um 1313%, Roggen von 62 auf 7400 Tonnen, Oele und Fette von 1038 auf 16 900 Tonnen u. s. w. Wenn die Schiffsanzahl in einem viel geringeren Verhältnisse stieg, als die Gewichtsmengen, so illustrirt eben die durchschnittliche größere Tragfähigkeit der Schiffe, ermöglicht durch die vorhergegangene Verbesserung der Wasserstraße, den ökonomischen Vortheil. Und diese Trag-

fähigkeit hält sich im Minimum zwischen 400 und 500 Tonnen. An dem ganzen Elbverkehr nun partizipirt die Moldau ab Prag im Jahre 1891 mit 1,33%. Denn es wurden 262 Fahrzeuge mit 30 700 Tonnen abgefertigt und sind 159 Fahrzeuge mit 12 300 Tonnen angekommen. Der Prager Schifffahrtsverkehr ist im Rückgang, im Jahre 1892 wies er 400 Schiffe mit 35 600 Tonnen, trotzdem er zwischen Prag und Hamburg nachweislich mit 0,41 Goldkr. per Tonnenkilometer zu Thal und mit 0,67 Goldkr. per Tonnenkilometer zu Berg verfrachtet hat. Das sind die Verkehrsziffern der österreichischen Nordwestschifffahrt. Die Privatschifffahrt ab Prag und nach Prag ist gar nicht nennenswerth. Die Frachtrate für Massengüter Prag — Hamburg konnte zeitweise bis 0,41 Goldkr. ermäßigt werden, aber freilich nur bei vollschiffiger Ladung. Die volle Ausnützung der Tragfähigkeit der Fahrzeuge, d. h. die ausreichende Wassertiefe ist die nothwendige Voraussetzung einer so geringen Fracht=rate. Die Moldaukähne haben durchschnittlich 280 Tonnen Tragfähigkeit, sind demnach schon an und für sich weniger ökonomische Fahrzeuge, als die Elbkähne, deren durchschnittliche Tragfähigkeit bezw. Größe von Jahr zu Jahr steigt. Soll also der Flußstrecke Aussig — Melnik — Prag sich gleichwerthig der unteren Elbstrecke anschließen, so muß sie wenigstens auf die Tauchtiefe derselben gebracht werden. Mit dieser stand es aber in den letzten drei Jahren folgendermaßen. Die Jahre 1891, 1892 und 1893 hatten eine durchschnittliche nutz=bare Schifffahrtsperiode auf der Moldau ab Prag von 265 Tagen; hiervon waren durchschnittlich nur 180 nutzbare Schifffahrtstage, d. h. solche, an welchen wenigstens ein Viertheil Ladung in Kähnen von 280 Tonnen Tragfähigkeit gefahren werden konnte. Elbkähne von 400—500 Tonnen Tragfähigkeit haben mit Rücksicht auf die Wasserstände der Moldau in diesen 3 Jahren nur an 39, 64 und 17 Tagen bis Prag voll ausgenutzt werden können, jedes Jahr noch dazu in getrennten Zeitabschnitten. Nachdem ein Fahrzeug nur dann Ertrag giebt, wenn es mög=lichst viel Reisen macht, also durch Wasserstand, Laden und Löschen die wenigste Zeit verliert, so vermeidet jeder Schiffer die Gefahr des Stilliegens, welche wegen der an und für sich zu geringen Wasserstände der Moldau in dieser Flußstrecke eine bleibende ist. Der Betrieb der Nordwestschifffahrt ab Prag bringt dauernden Verlust und repräsentirt nichts als eine Aus=nützung des von der Prager Schifffahrtsgesellschaft seinerzeit übernommenen, sehr gering=werthigen Materials. Der Karolinenthaler Hafen genügt selbstverständlich dem gegen=wärtigen Verkehr.

25) Ueber den Mainverkehr im 18. Jahrhundert siehe meine Schrift „Fränkische Handelspolitik im Zeitalter der Aufklärung", Leipzig 1893; über den Mainverkehr im 19. Jahr=hundert siehe Schanz „Die Mainschifffahrt im 19. Jahrhundert und ihre zukünftige Ent=wickelung", Bamberg 1894. Bezüglich des Donau-Mainkanales siehe Fahrbacher: „Die Kanalverbindung von Rhein und Donau", München 1893, Schanz „Der Donau-Mainkanal und seine Schicksale", Bamberg 1894 (bes. für die Entwickelung des bestehenden Kanals und die Ergebnisse aus dieser Entwickelung) und meine ganz gleichzeitig erschienene Schrift „Die Idee eines Main-Donaukanals von Karl dem Großen bis auf Prinz Ludwig von Bayern", Nürnberg 1894. Das Wichtigste über Main- und Main-Donauverkehr findet sich auch in meiner Schrift „Ueber Vergangenheit und Zukunft des Rhein-Donauverkehrs", Nürnberg 1893.

26) Sowohl von preußischen Technikern, wie Kuno, als auch von bayerischen wie Karg und Fleischmann. Karg schloß seine der Mainkanalisirung gewidmete Schrift mit folgenden Worten: „Die sekundliche Wasserführung des Maines in trockenen Jahren oder Sommer ist für reine Schiffbarkeit vollkommen ausreichend, wenn die örtlichen Gefälle und die davon abhängenden Geschwindigkeiten nicht über ein gewisses Maaß hinausgehen oder künstlich hin=ausgeführt werden. Mit der Veringerung der Gefälle und Geschwindigkeit nimmt die nutzbare Tauchtiefe des Fahrwassers zu. Es liegt aber im Prinzip der Flußregulirung, durch Ab=kürzung des Stromlaufes, Beschränkung der Flußbreite, Beseitigung der verschiedenen Strömungs=hindernisse u. dgl. die mittlere Profilgeschwindigkeit zu vermehren. Ein Fluß, wie der Main, darf sich einen Geschwindigkeitsluxus nicht erlauben, wenn er nicht das verlieren soll, was er am meisten braucht: eine genügende Fahrwassertiefe von mindestens 0,90 — 1,0 m. Die Flußkanalisirung hebt dagegen das natürliche Flußgefälle zeitweise fast ganz auf, resp. kon=zentrirt dasselbe auf bestimmte, unverrückbare Profile; sie rechnet überhaupt mit lauter be=kannten Faktoren. Soll daher der Main in eine gründlich, nachhaltig und zusammenhängend verbesserte Wasserstraße und in eine auch bei Niederwasser praktikable Fortsetzung des Ludwig-Donau-Mainkanales umgewandelt werden, so vermag dies nur zu vermitteln und zu bewirken: Die Mainkanalisirung." Fleischmann versuchte in einer Schrift „Zur Wasserstraßenfrage in Bayern", Frankfurt 1887, ein Bild von dem Projekt zu geben. Er legte die Dimensionen des II. internationalen Binnenschifffahrtskongresses zu Grunde und berechnete für einen Um=bau des bestehenden Donau-Mainkanales (172 km) 10 Mill. Mark Kosten, für die Main=kanalisirung (355 km) 15,4 Mill. Mark. Er hält nämlich 47 Wehre von Frankfurt bis

Bischberg bei Bamberg für nothwendig, berechnet als Kosten für eine Stauanlage 300 000 ℳ. also für 47 solche 14 Mill. und rechnet hiezu 300 000 ℳ für Entschädigung der Triebswerks-besitzer, 350 000 ℳ für Grunderwerbungen neben den Wehren, 650 000 ℳ für Projektirung und Bauleitung. Für seine Schätzung der Neubaukosten des Donau-Mainkanals gibt Fleischmann gar keine Grundlage; als zur Rentabilität nothwendig wird ein Verkehr von 765 000 Tonnen bezeichnet bei einer Durchschnitts-Wasserfracht von 1,08 Pf. und einer Geschwindigkeit von 5,4 km pro Stunde. Bei einem solchen Verkehr, dessen Berechnung Fleischmann den Nationalökonomen überläßt, werde sich das Anlagekapital von 25,4 Mill. Mark mit $4^{1/4}$% verzinsen. Erwähnung verdient ferner, daß auch E. de Saint Hubert in der Schrift »Berlin port de mer« sich mit dem Neubau des Donau-Mainkanals und mit der Kanalisirung des ganzen Maines beschäftigt.

27) Vergleiche die Verhandlungen der bayerischen Kammer der Reichsräthe und außerdem besonders: „Ansprache Sr. Kgl. Hoheit des Prinzen Ludwig von Bayern in der am 26. März 1893 abgehaltenen ersten Versammlung des Vereines für Hebung der Fluß- und Kanalschifffahrt in Bayern." Diese Reden des Prinzen finden sich gesammelt bei Forster: „Ludwig, Prinz von Bayern, ein Lebensbild", München 1894.

28) In einem Briefe seines Hofmarschall-Amtes vom 16. Oktober 1892 erklärte sich Prinz Ludwig von Bayern auf meine Anfrage hin zur Uebernahme des Protektorats über diesen Verein bereit und bezeichnet hierin als die wichtigste Aufgabe des Vereins die, „unbeschadet anderer, später auszuführender Verbesserungen oder Neubauten von Wasserstraßen, mit allem Fleiße den Umbau der bereits bestehenden, ganz Bayern von Aschaffenburg bis Passau durchziehenden, in ihren derzeitigen Abmessungen aber durchaus ungenügenden Wasserstraße, in eine den Anforderungen der Jetztzeit vollkommen entsprechende anzustreben." Damit war der Bewegung ein festes Ziel gesteckt worden.

29) Petition an das Kgl. Staatsministerium des Kgl. Hauses und des Aeußern vom 1. Juni 1893; diese Denkschrift, deren Ausführungen auf Seite 2, 3 und 4 von dem Vorstandsmitgliede des bayerischen Kanalvereins Rieppel, Direktor der Maschinenbauaktiengesellschaft (Cramer-Klett) in Nürnberg herrühren, gibt bereits verschiedene wirthschaftliche Details und sucht in Ermanglung jeglicher technischen Vorarbeiten einen ungefähren Begriff von den Kosten durch Vergleich mit anderen Flußkanalisirungen und Kanälen zu geben. Von allgemeinem Interesse dürfte auch der hier geführte Nachweis sein, „daß in den Gegenden, welche von Kanälen oder leistungsfähigen Flüssen durchschnitten sind, gerade ein doppelt so großer Güterverkehr per Eisenbahnen als in Süddeutschland, wo der Wasserstraßenverkehr noch mangelhaft entwickelt ist, sich findet". Aus den Ausführungen Rieppels über die Bedeutung des Kanals für die Exportindustrie hebe ich folgendes hervor: „Die Wasserfracht von Mainz nach Konstantinopel, nach Burgos, Varna, Galatz oder Braila beträgt bei dem Wege durch das mittelländische Meer derzeit für Schwergüter Mk. 13—25 für 100 kg, während die für den Rhein-Main-Donau-Weg nöthige Eisenbahnfracht Mainz—Passau nach dem Ausnahmetarif für Weiterverfrachtung allein Mk. 9.50—11 ausmacht. Die Gesammtfracht muß also schon dadurch wesentlich höher werden, dazu kommt aber noch das mehrfache Umladen. Abgesehen von diesen Transportschwierigkeiten hat Süddeutschland auch noch dagegen zu kämpfen, daß Oesterreich und Italien für viele, z. B. für alle Eisenfabrikate unnatürlich hohe Eingangszölle erheben, die in keinem richtigen Verhältniß zu den Erzeugungskosten stehen. Die österreichischen Zölle auf Eisenwaaren sind $3^{1/2}$—5 mal so hoch als die deutschen. Dabei hat aber Oesterreich keine höheren Gestehungskosten als Deutschland. Den Industrien in Oesterreich und Italien kommen ferner noch die niedrigen Arbeitslöhne und der Wegfall der durch die Arbeiterschutzgesetze in Deutschland entstehenden Lasten zu Gute. Die Folge davon ist, daß Oesterreich im Inlande sehr hohe Preise hat, im Auslande sehr gut konkurriren kann und den Süddeutschen — begünstigt durch die geringen Transportkosten — den ganzen bisher nach den unteren Donauländern innegehabten Export wegnimmt. Den süddeutschen Industrien, welche Eisen verarbeiten, liegen im Westen die Eisengebiete der Saar und des Rheins, im Norden Schlesiens und im Osten Oesterreich vor. Nach dem Süden, nach Italien, ist, wie schon erwähnt, der Zölle wegen ein Export ausgeschlossen. Da nun die süddeutsche Eisenindustrie die Rohmaterialien größtentheils von den westlichen Gebieten beziehen muß, so kann sie nach den dargelegten Verhältnissen nur durch Oesterreich hindurch nach dem Osten exportiren. Um dies aber trotz der Vorlagerung von Oesterreich zu ermöglichen, muß sie billige Transportwege für Beischaffung der Rohstoffe und für Verfrachtung der Fertigfabrikate haben. Dieser Anforderung kann aber nur eine völlig kunstgerecht für große Schiffe ausgebaute Wasserstraße vom Westen nach dem Osten genügen. Diese würde aber voraussichtlich auch den ganzen Export der

Rheinlande und Saar nach den unteren Donauhäfen und den Häfen des Schwarzen Meeres an sich bringen."

30) Nach der Reihenfolge des Erscheinens erwähne ich als spezielle auf das Main-Donauprojekt bezügliche Literatur: Böpfl. Ueber Vergangenheit und Zukunft des Rhein-Donau-Verkehrs, Vortrag bei der I. Hauptversammlung des bayr. Kanalvereins vom 26. März 1893 (auch separat erschienen). Schanz: Die Mainkanalisirung und der Ludwigs-Donau-Mainkanal (Artikelfolge in den Münchener N. N., März und April 1893). Derselbe: Das Projekt einer bayerischen Großschifffahrtstraße von Aschaffenburg bis Passau, Vortrag im bayer. Kanalverein vom 26. November 1893. (Im gedruckten Bericht) Böpfl, eine wichtige Aufgabe des bayerischen Verkehrswesens, Nürnberg 1894. Schanz: Die Mainschifffahrt im 19. Jahrhundert und ihre künftige Entwicklung, Bamberg 1894. Sympher: Die Krümmungen des Maines, in Nr. 1 und 2 der Zeitschrift für Binnenschifffahrt. Außerdem ist über die Mainkanalisation bis Aschaffenburg eine Monographie von Franz Wörner erschienen, welche sich den ähnlichen Arbeiten von Puls, Englert Schloßmacher, Bödiker über die einzelnen Untermainkanalisationsstrecken anreiht; als eine Monographie über die Mainkanalisation bis Würzburg erscheint ferner Kap. X der zitirten Schrift von Schanz über die Mainschifffahrt. Wegen der Wasserversorgung gehört auch hieher: Faber: Zur Hydrographie des Maingebietes, München 1895.

31) Von der bayerischen Grenze bei Kahl bis Würzburg sind 66,4 m und von da bis zur Regnitzmündung bei Bamberg 62,6 m Flußgefälle zu überwinden. Rechnet man auf je 22,2 m eine Wehr- und Schleusenanlage, so sind von Kahl bis Würzburg 30 und im Ganzen 58 erforderlich. Lotter: Die erste bayerische Großschifffahrtsschleuse bei Würzburg, Vortrag gehalten im bayerischen Kanalverein 1894. Auch dieser Vortrag, sowie die von Schanz und von Prinz Ludwig im bayerischen Kanalverein gehaltenen Reden werden in Kohn's Eingangs erwähnter Kritik wie alle Publikationen dieses „Interessentenvereines" summarisch in den großen Topf der werthlosen Agitation geworfen. In Wirklichkeit sind es werthvolle Bausteine für ein großes wirthschaftliches Kulturwerk.

32) Schanz: Ueber das Projekt eines bayerischen Großschifffahrtsweges, Vortrag, gehalten im bayerischen Kanalverein. In jenem ersten Exposé über das Projekt in den „M. N. N.", welches ich schon deshalb möglichst ausführlich zitire, weil diese Artikelserie schwer zu erhalten ist, sagt Schanz: „Nimmt man an, daß die Zahl der Haltungen und ihre Kosten von Frankfurt bis Bamberg sich analog stellen, so käme man für die 361 km lange Strecke auf etwa 55 Haltungen und 53 Millionen Mark Kosten. Nun ist freilich nicht zu übersehen, daß die Breite des Mains oberhalb Frankfurt a. M. erheblich abnimmt; während die Normalbreiten von Frankfurt bis Mainz zwischen 105—150 m sich bewegen, betragen sie zwischen Lohr und Aschaffenburg 81,5—93 m, zwischen Würzburg und Gemünden 73—78 m, zwischen Würzburg und der Regnitzmündung 72—76 m. Das affizirt aber in der Hauptsache nur die Kosten der Nadelwehre, während alle übrigen sich gleich bleiben. Es ist nun freilich möglich, daß auch diese sich mindern wegen der Nähe der Steine, geringerer Löhne, geringerer Grunderwerbungskosten, guten Flußbetts u. s. w., allein es ist doch auch nicht zu vergessen, daß auf der oberen Mainstrecke, namentlich gegen Bamberg, die Zahl der Haltungen höchst wahrscheinlich stärker wachsen wird, als es dem Verhältniß der Strecke Mainz—Frankfurt a. M. entspricht; das Gefälle des Maines nimmt stromaufwärts zu und man muß die Haltungen sich viel rascher folgen lassen, um die gewünschte nutzbare Wassertiefe von 2 m zu erzielen, es sei denn, daß einzelne besonders günstige Uferstrecken eine viel höhere Stauung als die sonst angewandte zulassen."

33) Schanz (Vortrag.) „Wenn man alle Hilfsquellen in der Umgebung der Scheitelstrecke ausbeutet, wenn man gleichzeitig den Kanal in der Scheitelstrecke um 2,5 m vertieft, wodurch zugleich die zwei Endschleusen wegfallen, die Sickerverluste sich verringern, die Dämme zum Theil sich mindern, so möchte es vielleicht möglich sein, den sekundären Zufluß von 8/10 auf 1,5 kbm zu bringen — ein Mehr dagegen muß ich aufs Ernstliche bezweifeln. Man müßte schon mit etwas aus Abenteuerliche grenzenden Vorschlägen einzelner Ingenieure rechnen, wie z. B. den Lech aus seinem oberen Lauf herüberziehen, um 3—4 kbm Wasser zu beschaffen. Das Projekt wäre also beinahe aussichtslos, wenn es sich um einen regelrechten Schleusenkanal von den angegebenen Dimensionen handeln würde. Es hat keine Schwierigkeit, die Wassermenge zu beschaffen, welche erforderlich ist, um die Scheitelhaltung selbst, bei guter Dichtung auf 2—2,5 m Tiefe zu bringen und darin zu erhalten, aber hier große Schwierigkeit, soviel Wasser zuzuführen, daß die Scheitelhaltung auch den ganzen Kanal speisen und noch den Schleusenwasserverlust tragen kann."

34) „Sowohl die schiefe Ebene, wie das lothrechte Hebewerk braucht bei Anwendung der Trogschleuse nur jeweils soviel Wasser, um ein Schiff schwimmend zu erhalten, während

bei dem gewöhnlichen Schleusenkanal das Wasser in der ganzen Fallhöhe für die Kammer nothwendig ist. Die beiden Ersatzmittel reduziren nicht nur den Schleusenwasserbedarf auf ein Minimum, sie führen unter Umständen sogar noch Wasser zu; so rechnet man mit diesem Faktor beim Dortmund-Rheinkanal; es steigen von Westfalen die kohlenbeladenen Schiffe herab, sie verdrängen in der herabsteigenden Schleusenkammer sehr viel Wasser; die andere, größtentheils mit Wasser gefüllte Kammer steigt empor; es wird mehr Wasser fortwährend sozusagen heraufgepumpt, als beim Herabsteigen verbraucht wird. (Schanz in dem Vortrag).

35) Schanz a. a. O. (Vortrag im Kanalverein).

36) In seinem ersten Exposé (M. N. N.) gibt Schanz noch niedrigere Ziffern und baut das Projekt auf nachfolgender Grundlage auf:

„Neuerliche Erweiterungen und Vertiefungen preußischer Kanäle, wie des Plauerkanals, haben pro Kilometer 56 000—100 000 Mk. gekostet. Ein neuer Kanal wird selten über 250 000 Mk. pro Kilometer veranschlagt. Der Ludwigs-Donau-Mainkanal kostete unter heute nicht mehr zutreffenden Preisverhältnissen pro Kilometer etwa 160 000 Mk. Ich möchte glauben, daß 70 000 Mk. pro Kilometer durchschnittlich reichen könnten, um den Kanal, abgesehen von den Hebewerken, umzugestalten, so daß also rund 12 Millionen hiefür auszuwerfen wären.

Wir hätten also im Ganzen für das Projekt:

     53 Millionen Mk. für Kanalisirung des Mains,
13—15   „   „   lothrechte Hebewerke,
  12   „   „   Umbau der Kanalstrecke.

Das wären rund 80 Millionen Mk. Rechnet man die 5,5 Millionen Mk. für die Strecke Mainz—Frankfurt a. M. hinzu, so ergibt das einen Betrag für die 569 km lange Wasserstraße Mainz—Kelheim, welcher fast der Summe (87,9 Millionen Mk.) gleichkommt, die für die erste große beinahe gleichlange Bahn Bayerns, nämlich die 565 Kilometer betragende Linie Hof—Bamberg—Lindau (sog. Ludwigs-Nordbahn) bis 1881 an Baukosten (Bahnkörper und Schienenlage, Bahnhöfe, Stationsgebäude, Telegraphen) aufgewendet worden ist. Pro Kilometer ergäben die obigen 80 Millionen Mk. für die Strecke Frankfurt bis Kelheim rund 150 000 Mk. Wir leben — und das ist für das Unternehmen günstig — in einer Zeit niedrigen Zinsfußes, so daß 3½% zur Verzinsung ausreichen; für Amortisation müßte man, streng genommen, trotz sorgfältiger Unterhaltung, auch einen Ansatz machen (¼—½%), da doch die Zeit kommt, wo das Ganze wieder einmal vollständig umgebaut werden muß; die Erneuerung der Hebewerke wird sich sogar in sehr absehbarer Zeit geltend machen. Außerdem sind die Verwaltungs- und Unterhaltungskosten zu rechnen. Auf dem Ludwigs-Donau-Main-Kanal betrugen die Ausgaben für Verwaltung und Unterhaltung durchschnittlich:

    1876—80 . . . . 317 105 Mk.
    1881—85 . . . . 293 791 „
    1886—90 . . . . 232 024 „

Nehmen wir die erste Summe, so würde das Kilometer rund 1822 Mk. kosten. In Elsaß-Lothringen machen bei den Kanälen die Unterhaltungskosten 1200 Mk., die Verwaltungskosten rund 840 Mk. pro Kilometer aus. Man darf für die ganze Strecke Frankfurt-Kelheim 2000 Mk. kilometrische Kosten für Unterhaltung und Verwaltung rechnen, zumal an den Elevatoren die Betriebskosten sich etwas hoch stellen; sie betragen in Auberton wöchentlich 375 Frs. (natürlich ohne Einrechnung der Verzinsung und Amortisation des Anlagekapitals). Nach diesen Feststellungen ist die aufgeworfene Frage leicht zu beantworten.

Die Anlagekosten pro Kilometer sind für die ganze
    Wasserstraße . . . . 150 000 Mk.
3% hievon . . . . 4500 Mk.
Unterhaltung und Verwaltung pro Kilometer . . 2000 „
                  Summa . . 6500 Mk.

Zur 3%igen Verzinsung und Amortisation des Kapitals von 80 Millionen Mk. verlangte nun Schanz einen Verkehr auf der ganzen Wasserstraße von 930 000 T. und gibt zur Ermittelung desselben sehr schätzenswerthe, auch für die geänderte, finanzielle Grundlage heute noch brauchbare Details.

37) Schanz (M. N. N.) gibt folgende Grundlagen: „Die Normaltarife der bayerischen Bahn — sie sind mit den preußischen bis auf eine Abweichung und auf die Abfertigungsgebühren identisch — betragen für die verschiedenen Wagenladungsgattungen 2,7, 3,6, 4,5 und

— 93 —

6,7 Pfg. für den Tonnenkilometer; dazu kommen noch die nicht unbeträchtlichen Expeditionsgebühren. Der billigste Tarif von 2,7 gilt bekanntlich für die minderwerthigen Massengüter, wie Erze, Düngemittel, Erden, Gasreinigungsmasse, Schlacken, die meisten Steine u. s. w. Die Ausnahmetarife gehen noch unter den Spezialtarif herunter; der billigste Ausnahmetarif in Bayern dürfte der für Torfstreu sein; bei Entfernung von 100 km kommt bei dieser die Gesammtfracht des Tonnenkilometers (einschließlich Expeditionsgebühr) auf 2,3 Pfg., bei 400 km auf 2 Pfg. Für Kohlen stellt sich das Tonnenkilometer (einschließlich Expeditionsgebühr) von Miesbach nach Augsburg auf 3,1 Pfg., von Stockheim nach Würzburg auf 2,78, von Ruhrort nach München auf 2,37, von Ruhrort nach Würzburg auf 2,42, von Ruhrort nach Bamberg auf 2,44, von Eger nach Regensburg auf 2,99 ꝛc. Der Ausnahmetarif für Zement von Karlstadt bis Donaulände—Passau beträgt 3,1 Pfg. pro Tonnenkilometer. In Preußen geht ein Ausnahmetarif — es ist der für rheinisch-westphälische Kohlen nach den norddeutschen Seehäfen — auf 1,25 Pfg. pro Tonnenkilometer herunter, wozu noch 6 Pfg. Abfertigungsgebühr für 100 km kommen. Von Aschaffenburg bis Regensburg sind zu Wasser 517 km, mit der Bahn dagegen nur 294 Kilometer; man muß für die Strecke zwischen Aschaffenburg-Regensburg auf dem Wasserweg fast um die Hälfte billiger fahren können, als die Bahn, um nur erst ebenso theuer zu sein wie diese. Von Mannheim nach Ansbach sind per Bahn 225 Tarifkilometer; der Wasserweg von Mainz bis Marktbreit etwa 281 km, von da mit der Bahn nach Ansbach 63 km. Es stehen sich also gegenüber 225—63 = 162 km Bahnweg und 281 km Wasserweg, das heißt, es muß der Wasserweg zu 162 : 281 = 0,58 des Preises fahren, den die Bahn pro Tonnenkilometer verlangt, um mit dieser gleich zu stehen. Für Nürnberg beträgt der Weg zu Wasser von Mainz ab 454 km von Mainz bis Nürnberg per Bahn 268 km; von Mannheim bis Nürnberg per Bahn 269 km; als Parität des Wasserwegs ergibt sich sonach 0,59 des Tonnenkilometersatzes der Eisenbahn. Für Augsburg beträgt der Weg zu Wasser bis Kelheim 569 km, von Kelheim bis Augsburg 121 km per Bahn, von Mannheim bis Augsburg per Bahn 310 km. Die Parität des Wasserwegs erfordert also 0,33 des Tonnenkilometersatzes der Eisenbahn. Für Ingolstadt beträgt der Weg zu Wasser von Mainz bis Kelheim 569 km; von Kelheim bis Ingolstadt per Bahn 54 km; von Mannheim bis Ingolstadt per Bahn 324 km; die Parität stellt sich auf 0,47 des Tonnenkilometersatzes der Eisenbahn. Für München beträgt der Weg zu Wasser von Mainz bis Kelheim 569 km; von Kelheim bis München per Bahn 135 Tarifkilometer; per Bahn hat man von Mannheim nach München 372 Tarifkilometer; die Parität des Wasserwegs erfordert also 0,42 des Tonnenkilometersatzes der Eisenbahn. Für Regensburg beträgt der Weg zu Wasser von Mainz ab 604 km; von Mannheim bis Regensburg per Bahn 369 km; die Parität des Wasserweges erfordert also 0,6 des Tonnenkilometersatzes der Eisenbahn. Für Weiden beträgt der Weg zu Wasser von Mainz bis Nürnberg 454 km; von Nürnberg nach Weiden per Bahn 97 Tarifkilometer; von Mannheim nach Weiden 365 km; die Parität des Wasserweges erfordert 0,59 des Tonnenkilometersatzes der Eisenbahn."

38) **Von den heutigen Einheitssätzen der Bahn beträgt:**

	Stückgut	Wagenladungsklasse.			Spezialtarif			
		A.[1]	B.	A.[2]	I.	II.	III.	
	11	6,7	6	5	4,5	3,5	2,7	Pfg.
1/3	2,7	2,2	2,0	1,7	1,5	1,2	0,9	"
2/5	4,4	2,6	2,4	2	1,8	1,4	1,1	"
1/2	5,5	3,3	3,0	2,5	2,2	1,7	1,3	"
3/5	6,6	4,0	3,6	3,0	3,3	2,1	1,8	"

39) **Schanz a. a. O. (M. N. N.)** Im Wechselverkehr vom Rheine her, zum größten Theil aus dem Verkehr der Städte Mannheim, Ludwigshafen, Frankfurt erwartet Schanz einen Verkehr von 350000 T. und bemerkt hiezu: „Die oben genannten Plätze würden das in ihrem Gesammtwasserverkehr, der über 4 Millionen Tonnen ausmacht, kaum fühlen, es würde ihr rapides Wachsthum sich nur etwas verlangsamen. Hiebei ist Mainz gar nicht in Anschlag gebracht, ebenso nicht der Bahnverkehr Frankfurts. Mancher möchte glauben, ein Viertel des Wasserbergverkehrs der oben genannten Handelszentren sei eine etwas bescheidene Annahme für das große bayerische Konsumtionsgebiet. Allein es scheint mir gewagt, mit einer größeren Ziffer zu rechnen. Man darf nicht vergessen, daß die Handels-

zentren Mannheim-Ludwigshafen und Mainz-Frankfurt ihre anderweitigen sehr bedeutenden Absatzkreise haben, der größte Theil ihres Verkehrs also gar nicht für Bayern in Betracht kommt. Ferner wird der Umschlag in Frankfurt a. M. für bayerische Plätze auch später eine gewisse Bedeutung behalten, weil es kaum möglich ist, auf dem ganzen Main bis Bamberg die Wassertiefe zu erzielen, welche man jetzt für Frankfurt a. M. herstellt, es werden also die größten und schwersten Rheinschiffe in Zukunft doch wieder nur in Frankfurt a. M. anlegen können, was diesem immer einen gewissen Vorsprung gewährt. Endlich liegt Mannheim für das südwestliche Bayern so günstig, daß selbst nach Herstellung der neuen Wasserstraße die Konkurrenz nicht ganz leicht ist. Wenn ich diese Momente in Anschlag bringe und zugleich bedenke, daß man nach Norden zu sehr bald in das Konkurrenzgebiet von Hamburg und Bremen und nach Südosten zu in das Konkurrenzgebiet von dem in vieler Hinsicht künstlich begünstigten Triest gelangt, so möchte es mir doch empfohlen scheinen, über die 350 000 Tonnen, die wir oben als von bisherigen Stapelplätzen herrührend angenommen haben, vorerst nicht hinauszugehen!"

Von dem bisherigen bayerischen Transitverkehr rechnet Schanz 100 000 T. der Wasserstraße zu und begründet dies wie folgt: „Es gingen in Wagenladungen in der Richtung Passau-Würzburg, Passau-Aschaffenburg, Passau-Gemünden und umgekehrt in den beiden Jahren 1889 und 1890 83,500 und 90,330 Tonnen. Davon wird, da es sich wohl überwiegend um höherwerthige Güter (namentlich Getreide) handelt, ein großer Theil auf die Wasserstraße gehen; bei einem Frachtsatz von 1,5 gegenüber dem Frachtsatz 4,5 für Getreide bei der Bahn wäre, wenn nicht Ausnahmetarife gewährt würden, die Konkurrenz der Wasserstraße trotz größerer Länge noch möglich. Ich rechne aus dieser Position 100 000 Tonnen, zumal von Bremen aus der Anschluß nach Gemünden in Zukunft mehr gesucht und transito von dort mehr als bisher nach den Donau- und Balkanländern gehen dürfte, wenn schon die Konkurrenz von dem durch besonders niedrige Seezölle begünstigten Triest her schwer in die Waagschale fällt. Sollte in späterer Zeit eine Wasserverbindung des Mains von Gemünden aus mit der Fulda hergestellt werden, so würde die Sache sich noch günstiger für unsere Wasserstraße stellen.

Dazu kommt der Lokalverkehr der Main- und Main-Donau-Kanalgegend. Schanz setzt für die Main-Donau-Kanalgegend 200 000 Tonnen, für die Maingegend 5—600,000 Tonnen und führt dies auf folgende Grundlagen zurück: „Der bisherige Verkehr auf dem Ludwigskanal hat überwiegend einen lokalen Charakter. Er betrug 1891: 78 901, 1890: 97 927, 1889: 94 688, 1888: 121 216, 1887: 101 894 Tonnen. Wenn bei einer Kanalgebühr, die beinahe so hoch ist, wie der von uns in Zukunft in Aussicht genommene ganze Frachtsatz (inkl. Kanalgebühr), ein Verkehr von ungefähr 100 000 Tonnen möglich war, so ist es doch wohl gewiß kein übertriebener Optimismus, wenn man in Zukunft an Verkehr, den der Kanal aus seiner Nachbarschaft an sich zieht, 200 000 Tonnen annimmt. Nürnberg-Fürth speziell werden wohl auch viele Waaren in's Ausland senden und manchen Bezug von dort auf dem Wasserwege bewirken. Der Verkehr beider Städte betrug 1891:

mit Belgien an Versandt 3346 Tonnen, an Empfang 1455
„ Niederlande „ „ 5986 „ „ „ 946
„ Frankreich „ „ 2958 „ „ „ 1505

Nach Amerika wurden von Nürnberg exportirt 1890 für 4,29 Mill. Doll., 1891 für 1,84 Mill. Doll., nach Spanien 612 Tonnen. Nürnberger Hopfen geht zur Zeit per Bahn nach Mannheim, um auf dem Rhein nach England zu gelangen; er wird in Zukunft die Wasserstraße gleich aufsuchen. Ebenso wird es mit vielen Waaren sein, die von Nürnberg und anderen Plätzen an die Donau gehen. Der bisherige Verkehr auf dem Main selbst ist nicht genau bekannt, er hat früher einmal 500 000 Tonnen pro Jahr betragen, heute sind es, abgesehen von den Flößen, für die auf dem kanalisirtem Main eine neue Fahrweise nothwendig werden wird, nur geringe Mengen. Nach dem statistischen Jahrbuch für das deutsche Reich sind zu Würzburg

	zu Berg angekommen	zu Thal durchgegangen exkl. Floßholz	Floßholz
1872/75	9700 Tonnen	12,700	285,400
1876/80	8300 „	10,300	221,400
1881/85	6700 „	9,100	214,600
1886	7000 „	21,300	159,700
1887	6500 „	15,200	168,700
1888	6400 „	12,900	161,100

Die Kettenschifffahrt hat von Frankfurt bis Aschaffenburg geschleppt:

	Fahrzeuge leer	belaben	Tragfähigkeit in Tonnen	Ladung in Tonnen
1890	3888	393	287,394	11,264
1891	3833	318	279,377	8,863
1892	3847	338	271,520	9,328

Der größte Verkehr im Jahre 1890 ist auf die größere Zahl Betriebstage zurückzuführen. Die leer zu Berg geschleppten Fahrzeuge sind meistens mit Holz- oder Steinladung von den oberhalb Miltenbergs gelegenen Stationen frei zu Thal gegangen; mit Rücksicht auf die Tragfähigkeit der Fahrzeuge dürften diese zu Thal gegangenen Güter wohl 200 000 Tonnen ausmachen. Für den ganzen kanalisirten Main wird man für Waaren, die, aus der Maingegend selbst stammend, in Zukunft den Main hinabgehen, 300 000 bis 400 000 Tonnen, einschließlich Floßholz sogar 500 000 bis 600 000 Tonnen rechnen dürfen. Es sind diese Größen deshalb nicht unwahrscheinlich, weil die Steininbustrie in Frage steht, welche den Main mehr aufsuchen wird, sobald der Rücktransport der Schiffe keine großen Schwierigkeiten findet."

40) Mit diesen Berechnungen Sympher's über die finanziellen und wirthschaftlichen Grundlagen der ganzen, ungekürzten Main-Donauwasserstraße kann ich mich nicht ganz einverstanden erklären und halte ich den von Schanz gegebenen, auf wirthschaftlichem Studium beruhenden Aufbau des Projektes für begründeter. Sympher legt für die Flußkanalisirung pro km 200 000 Mk., für den Kanalumbau 350 000 pro km Kosten zu Grunde und kommt auf 73 Mill. Mk. für Main und Altmühl, 46 Mill. für den Kanalumbau, im Ganzen auf 121 Mill. Mk. 4% davon und 63 900 Mk. kapitalisirter Mehrunterhaltungskosten gegen die jetzigen Unterhaltungskosten ergibt jährlich 5,5 Mill. Mk. Bei einem Verkehr von 1 Mill. Tonnen stellt Sympher eine Gebühr auf von

    auf dem Main . . . . 0,9 Pf.
    „ „ Kanal . . . . 1,4 „
    dazu an Transportkosten . . . . 0.6 „

Sympher kommt dabei natürlich auf Frachten, welche unter den niedrigsten Ausnahmetarif der Eisenbahnen nicht hinabgehen. Deshalb hält dann Sympher Kürzungen für **unbedingt nothwendig.**

41) Hier findet auch die Bedeutung des Projektes für die Landwirthschaft, die Flößerei, Fischerei, Eisenbahnrente u. s. w. eine gründliche Erörterung. In ähnlicher Weise habe ich diese Fragen in meiner Schrift „Eine wichtige Aufgabe des bayerischen Verkehrswesens" zu lösen versucht.

42) Nach der preußischen Denkschrift über die Ströme Memel, Weichsel, Oder, Elbe, Weser, Rhein ist für den Rhein von Bingen bis St. Goar 2 m, von St. Goar bis Köln 2,5 m, von Köln bis zur holländischen Grenze 3 m Fahrtiefe in Aussicht genommen und auch in der Hauptsache erreicht; auf der Elbe ist die Fahrtiefe von der sächsischen Grenze bis Magdeburg 0,94 m, von Magdeburg 1,16 m, für die Oder ist die Fahrtiefe von Hohensaaten bis Schwedt 1,5 m, oberhalb Hohensaaten weniger, für die Weser wird von Münden bis Karlshafen 1 m, von Karlshafen bis Minden 0,8 m, von Minden bis Bremen 1,25 m angestrebt.

43) In Gröhe's Referat beim letzten Binnenschifffahrtskongreß findet sich eine sehr lehrreiche Zusammenstellung über die Entwicklung der Schiffsgröße auf dem Rheine. Darnach war im März 1892 die Tragfähigkeit der vorhandenen 950 Schiffe über 800 Tonnen annähernd gleich der Tragfähigkeit sämmtlicher übrigen 5178 Schiffe der Rheinflotte.

44) Die Frage ist in mehreren Schriften von Büser behandelt worden. Büser erwartet sich das Heil der Schifffahrt nicht von den Großkanälen, sondern von der Lösung des Problems der mechanischen Traktion. Büser vergißt aber, daß unsere Kanäle sich nach unseren Strömen und nicht unsere Ströme nach den Kanälen sich richten lassen. Aber das ist richtig, daß die Fragen der Traktion und des Gesetzes des Schiffswiderstandes, der Form des Fahrzeuges 2c. gleichfalls wichtig sind und im engsten Zusammenhang stehen mit der Frage nach der Größe der Kanaldimensionen. Hiezu ist besonders zu vergleichen die Schrift: „Wettbewerb für ein Oberlastschiff", Berlin 1892. Der hier empfohlene Typus dürfte übrigens mit den Dimensionen des Donau-Oderkanalprojektes nicht in Harmonie zu bringen sein.

45) VI. Internationaler Binnenschifffahrtskongreß, Haag 1894. 1. Frage. Bau der Schifffahrtskanäle, welche einen Schnellbetrieb zulassen, besonders Referat von Gröhe, Wasserbauinspektor zu Münster i. W.

46) Vergl. Zeitschrift für Bauwesen 1891.

47) Größe a. a. O.
48) Größe a. a. O.
49) Ueber die hydraulischen Hebewerke und schiefen Ebenen im Allgemeinen ist zu vergleichen „Bellingrath: Studien über Bau und Betriebsweise eines deutschen Kanalnetzes" 1879. Seitdem ist aber die Technik auch vorwärts geschritten und Bellingrath's Konstruktionen sind heute zum Theile überholt. Vergl. Pfeifer: „Hydraulisches Schiffshebewerk mit lothrechtem Hub", 1892, S. 65.
50) Bömches Vergl. Studie über die letzten internationalen Binnenschifffahrtskongresse in „Technische Vorträge und Abhandlungen", Wien 1893.
51) Ueber diese neueste Entwickelung siehe Dufourny's Referat »Quelques donnés et résultats pratiques sur les ascenseurs belges«, Paris 1892. Friedr. Krupp, Grusonwerk Magdeburg-Buckau „Auf Schwimmern ruhendes Schiffshebewerk", Magdeburg 1893; Pfeifer, Vortrag gehalten im Architektenverein zu Berlin am 13. November 1893: „Die von der Firma Friedr. Krupp, Grusonwerk, ausgebildeten Schiffshebewerke auf Schwimmern", Berlin 1893, Sonderabdruck aus der deutschen Bauzeitung 1893 Nr. 96 ff. und den Aufsatz über Schiffshebewerke im Märzheft von Dingler's polytechnischem Journal 1895. Bezüglich der schiefen Ebenen neuerer Konstruktion s. Schromm in der Zeitschrift des österr. Ingenieur- und Architektenvereins 1891. Oelwein: „Der Oder-Donaukanal und der Bau von Schiffskanälen in der Gegenwart" in der Zeitschrift für Eisenbahnen und Dampfschifffahrt 1893.
52) Das Triebseil ohne Ende läuft den beiden Kanalufern entlang — von einem Motor in Bewegung gesetzt —, wobei der Schiffer sein Fahrzeug mittelst einer Leine an das Seil anhängt und somit nach beiden Richtungen des Kanals fahren kann. Versuche nach dem gedachten System wurden schon wiederholt in Frankreich, Belgien und Italien gemacht, aber bisher ohne befriedigenden Erfolg in Bezug auf die praktische Lösung der Frage, welcher sich manigfache Schwierigkeiten entgegenstellten. Sie bestanden im Wesentlichen in der Führung und Unterstützung des Seiles, in der Spannvorrichtung für dasselbe, in der Konstruktion der Leitrollen, um das Herabgleiten des Seiles in den Biegungen der Kanalstrecke zu verhindern, in der Einrichtung der Greifer, um die Schiffsleine an das Zugseil zu befestigen u. s. w. Die Beseitigung dieser Schwierigkeiten wurde von zwei Technikern, Levy und Oriolle in verschiedener Weise angestrebt. Es waren der Hauptsache nach drei Aufgaben zu lösen und zwar:

a. Die Leine, welche das Schiff an das Triebseil befestigt, mittelst eines Apparates anzuhängen, welcher es dem Bootsmann, selbst wenn er allein auf dem Schiffe sich befindet, ermöglicht, die Fahrt an jeder Stelle des Kanales zu beginnen oder zu unterbrechen, und zwar ohne an das Land zu steigen.
b. Die Aktion der Fortbewegung auf das Schiff mittelst eines besonderen Mechanismus in der Weise zu übertragen, daß mit Vermeidung jeden Stoßes einestheils die Fahrgeschwindigkeit nur allmählig ertheilt und andrerseits die der Festigkeit des Seiles nachtheiligen Erschütterungen vermieden werden.
c. Das Zugseil und dessen Leitrollen in von einander untrennbare Verbindung zu bringen.

Die Systeme Levy und Oriolle sind auf Versuchsstrecken zur praktischen Anwendung gebracht worden, welche Schwierigkeiten örtlicher Natur als: Brücken, Schleusen, Biegungen der Strecke ꝛc. zu überwinden hatten; das System Levy auf dem Kanal St. Maurice bei Paris (5 km) und das von Oriolle auf dem Kanal von St. Quentin bei Terguier (3 km).

Die mit beiden Systemen vor dem Pariser Binnenschifffahrtskongreß ausgeführten Versuche gelangen anstandslos und erkannte man folgende wesentliche Vortheile derselben: In erster Linie kann die ganze Anlage jedem bestehenden Kanale angepaßt werden und erfordert daher keine besondere Bauart desselben, dann zeichnet sich der Betrieb mittelst Triebseil gegenüber dem Pferde- oder Tauerei-Betrieb durch größere Billigkeit, Raschheit und Regelmäßigkeit aus. Von besonderer Wichtigkeit sind die beiden ersten Vortheile. Die erwähnte Zugsmethode übertrifft alle anderen an Billigkeit und die noch erreichte Geschwindigkeit von 0,70 m pro Sekunde (oder von 2500 m in der Stunde) hoffen die Erfinder auf 1 m erhöhen zu können. Uebrigens gestehen dieselben ein, daß ihre Systeme noch nicht auf der Höhe der Vollendung sich befinden und die wahrhaft praktischen Resultate nur durch eine Anlage auf einer längeren Strecke konstatiert werden können. Diese soll nun nach dem Levy'schen System auf einer 140 km langen Strecke der Belgien mit Paris verbindenden Kanallinie Etrun-Janville ausgeführt werden.

Diese Strecke, welche die obere Schelde, den Kanal von St. Quentin und den Seitenkanal zur Oise umfaßt, hat eine Länge von 140 km und einen jährlichen Verkehr von rund 3 200 000 Tonnen. Nach dem von Levy für den Betrieb mit Seil ohne Ende gemachten Voranschlage werden die stabilen Maschinen 28 km von einander entfernt sein und fünf

Gruppen bilden, von denen je zwei einer Kanallänge von 14 km entsprechende Umkreise bedienen und eine normale Arbeit von 100 bis 120 Pferdkr. leisten würden. Das Drahtseil hätte ungefähr 30 mm im Durchmesser und ein Gewicht von 3,75 kg per laufenden Meter. Die Geschwindigkeit würde 0,70 m per Sekunde (2500 in der Stunde) betragen und die Leitrollen in der Regel 75 m von einander entfernt sein.

Unter diesen Voraussetzungen schätzt der Erfinder die Herstellungskosten pro km auf 18 000 Fr., wovon 6000 auf das Seil, 8000 auf die Stützen der Leitrollen und 4000 auf die Maschinen entfallen. Die Betriebskosten würden pro Jahr 5600 Fr. per km betragen und zwar 2100 Fr. für den Gang der Maschinen, 2780 Fr. für die Erhaltung und Amortisation des Betriebsmaterials und 720 Fr. für die Interessen des verwendeten Kapitals. Die Zugkosten mittelst Triebseil würden demnach auf 0,00175 Fr. für den Tonnenkilometer, also auf 66,15 Fr. für ein Fahrzeug von 270 Tonnen zu stehen kommen, welches beladen von Etrun nach Janville fährt und von da leer zurückgeht. Das gleiche Schiff zahlt heute für dieselbe Strecke 158,05 Fr., es folgt demnach eine Ersparnis von 91,90 Fr. oder von 58% gegenüber dem Pferdezuge (!). (Bömches. Vergleichende Studie über die letzten internationalen Binnenschifffahrtskongresse in „Technische Vorträge und Abhandlungen", Wien 1893 und Stahl: „Brennende Fragen zum Bau und Betrieb der Wasserstraße", 1886).

53) M. A. de Bovet: »Traction mécanique des bateaux sur les canaux; touage électro-magnétique.« (Société des ingénieurs civils de France.) Paris 1895.

54) VI. Internationaler Binnenschifffahrtskongreß. Haag 1894. Frage 4. Ziehen und Fortbewegen der Schiffe auf Kanälen, auf kanalisirten Flüssen und auf freifließenden Strömen; Referat von J. Hirsch und B. de Mas, ingénieurs en chef des ponts et chaussées.

55) Hirsch und be Mas a. a. O.

Anmerkungen zu Kapitel IV.

1) Diesen Aufsatz veröffentlichte ich in der „Zukunft" von Maximilian Harden, 1895.
2) Leibnitz: opera Edit. Dutens V 540, citirt bei Roscher System III, 451.
3) Becher: politischer Diskurs II. Auflage 763 ff.
4) Näheres siehe Reinhold und Oltmanns „der deutsche Handelskanal" Bremen und Leer 1817 in dem Kapitel „die bereits bestehende Verbindung zwischen der Elbe, Havel, Spree, Oder und Weichsel".
5) Reinhold und Oltmanns a. a. O. nach Hogrewe.
6) Reinhold und Oltmanns a. a. O.
7) Reinhold und Oltmanns a. a. O. Hier wird auch untersucht, wie weit der Max-Clemenskanal bei dem Bau eines neuen Rhein-Lippe-Emskanals benützt werden könnte. Die in diesem Buche erörterten topischen Grundlagen für eine Kanaltrace vom Rhein zur Ems und Weser dürften höchstens den einen oder anderen Vorkämpfer der verschiedenen für einen Dortmund-Rheinkanal zur Zeit vorgeschlagenen Tracen interessieren. Das Buch behandelt in eigenen Kapiteln „die Verbindung der Ems mit der Weser nach neueren Vorschlägen", dann: „Die Verbindung der Weser und Elbe auf mehreren Punkten nach neueren Projekten", ferner: „Die Verbindung des Rheines mit der Ems nach früheren und neueren Vorschlägen".
8) Näheres über diese Tracen s. Reinhold u. Oltmanns a. a. O. Die Vorschläge variirten stark. Der nördlichsten Trace von Wesel nach Minden unter Benützung der Lippe stand als südlichste, ein von dem Chef des westfälischen Ingenieurkorps vorgeschlagene gegenüber, welche unter Benützung der Fulda, Ebber, Schwalm und Lahn, Hessen durchschnitt. Verschiedene Aufsätze im Westfälischen Anzeiger (Nr. 16, 17, 20, 22, 27 v. J. 1815, Nr. 4 v. J. 1816 und die Nr. v. 16. März 1816) enthalten Näheres hierüber.
9) Im III. Band von Wiebelings theoretisch-praktischer Wasserbaukunst, S. 73—77 finden sich die Details.
10) Näheres siehe Reinhold und Oltmanns a. a. O.
11) Diese Daten sind den von Fritz Ged bearbeiteten Denkschriften des Niedersächsischen Kanalvereins entnommen, woselbst auch die Quellen dafür angegeben sind.
12) K. Michaelis. „Rhein-Weserkanal", Berlin 1864. K. Michaelis und Heß: Das Projekt des Rhein-Weser-Elbekanals, Hannover 1871 vergl. auch Meitzen: „Die Frage des

Kanalbaues in Preußen und die älteren Denkschriften des Niedersächsischen Kanalvereins, dem sich für die Agitation in dem älteren Regierungsprojekt eine willkommene Grundlage bot. Die Trace berührte folgende Orte: Ruhrort—Duisburg, Gelsenkirchen—Schalke, Henrichenburg, Dortmund, Lüdinghausen, Münster, Bevergern, Bramsche—Osnabrück, Wittlage, Lübbecke, Minden, Bückeburg, Linden, Hannover, Lehrte—Braunschweig, Obisfelde, Neuhaldensleben, Wolmirstedt—Magdeburg. An Kosten berechnete Michaelis für die Strecken:

Dortmund—Bevergern	107,9 km =	30 650 000 ℳ
Bevergern—Ems	99,3 „ =	19 650 000 „
Bevergern—Weser	135,7 „ =	30 600 000 „
Weser—Elbe	224,5 „ =	38 300 000 „
zus.	567,4 km =	119 200 000 ℳ

d. h. durchschnittlich 210 257 ℳ. Baukosten für den km. In diesem Anschlage fehlt die Entschädigung für den Grund und Boden. Unter den Kommentaren zu dem Michaelischen Entwurf erscheint mir der von Meitzen (a. a. O.) gegebene wegen der Terrainkunde des Autors beachtenswerth. Meitzen giebt bereits auch die Anwendung eines Schiffshebewerkes oder der schiefen Ebene in Erwägung.

13) Diese Details finden sich reproduzirt in der von Fritz Geck bearbeiteten Denkschrift: „Der binnenländische Rhein-Weser-Elbekanal", Hannover 1894. Eine gemeinverständliche Erörterung der Trace giebt der Vortrag von Messerschmidt: „Stand der Vorarbeiten für den Mittellandkanal" in den Mitteilungen des Centralvereins für die Hebung der deutschen Fluß- und Kanalschifffahrt, Dezemberheft 1892. In diesem Vortrag hält es Messerschmidt für zweifellos, daß sich das Anlagekapital des Mittellandkanals ohne Schädigung der Schifffahrt und Verminderung der Konkurrenzfähigkeit derselben gegenüber der Eisenbahn verzinsen und amortisiren lassen wird. Eine nationalökonomische Detailbegründung hiefür giebt er aber nicht.

14) Wieder ein Beispiel für die so vielfach den mittelländischen Kanalprojekten entgegenstehenden Interessen der Seeschifffahrt.

15) Die Litteratur über den Dortmund-Rheinkanal findet sich bei Meitzen (a. a. O.), gesammelt. Hier finden sich auch einige zusammenfassende Daten über das uns hier nicht weiter berührende Projekt einer Weiterführung des Mittellandkanals zu Schelde (Uerdingen—Venlo 2c.)

16) Geck a. a. O.

17) Diese Daten finden sich theils bei Meitzen a. a. O. theils in der Denkschrift von Fritz Geck. Weitere Details sind enthalten in zahlreichen Publikationen der wirthschaftlichen Korporationen z. B. des „Ältestenkollegiums" von Magdeburg (Sitzungsprotokoll vom 20. März 1891, 1. Juni 1894; Petition vom 21. April 1894; Jahresbericht für 1889).

18) siehe die hierauf bez. Litteratur bei Meitzen a. a. O.

19) Havestadt und Contag, Projekt der neuen Oder-Weichselverbindung mittels eines Oder-Warthe-Netzekanals Berlin 1883, vgl. hiezu Meitzen a. a. O.

20) Kriele: Der Nord-Ostseekanal und die deutsche Binnenschifffahrt in der Zeitschrift für Binnenschifffahrt 1895 Nr. 7.

21) vgl. auch von der Borght: „Das Verkehrswesen" S. 210.

Anmerkungen zu Kapitel V.

1) Dieser Aufsatz erschien in der „Zeitschrift für Binnenschifffahrt" in Berlin, dem Organ des Centralvereins für Hebung der deutschen Fluß- und Kanalschifffahrt, dessen Vorstandschaft dem Artikel folgende Bemerkungen beifügte:

„Die Anregung, welche der Herr Verfasser in vorstehendem Aufsatze gegeben, ist sehr beachtenswerth, und sind wir überzeugt, daß der Aufruf für die von ihm so lebhaft vertretene Sache nicht ungehört verhallen wird, möge es nun zu dem vorgeschlagenen mittelländischen Binnenschifffahrts-Kongreß kommen oder nicht.

Auf alle Fälle läßt sich nicht leugnen, daß der im Sommer 1894 auf dem Kongreß im Haag gefaßte Beschluß die bisherigen Binnenschifffahrts-Kongresse mit den Marine-Bau-Kongressen zu verschmelzen und beide künftig unter dem gemeinschaftlichen Namen „Schifffahrts-Kongreß" abzuhalten, von schwerwiegender Bedeutung ist und daß man gespannt sein darf, welche Folgen sich daraus künftig entwickeln werden.

Schon die Art und Weise, wie dieser Beschluß herbeigeführt und zu Stande gekommen, gibt zu mancherlei Betrachtungen und auch zu theils formellen, theils sachlichen Bedenken Veranlassung.

Wie bekannt, versammelte sich im Haag die **permanente Kommission des Marine-Bau-Kongresses** auf Anregung des Herrn **Conrad-Haag** an einem der letzten Tage des Kongresses und beschloß die Einbringung des bezüglichen Antrages zur Verschmelzung der beiden Kongresse — trotzdem eine nicht unbedeutende Minderheit sich schon hier dagegen ausgesprochen und die Zusammenberufung der Kommission so eilig geschehen war, daß mehrere ihrer Mitglieder nicht rechtzeitig hatten benachrichtigt werden können (sic).

Man brachte sodann den bezüglichen Antrag in der letzten Voll-Sitzung des Kongresses ein und wurde nach ganz kurzer Debatte überraschend schnell die Erörterung darüber geschlossen. Die betreffende Drucksache war überhaupt erst am Vorabend den Mitgliedern zugegangen, eine Verständigung in größeren Gruppen daher gar nicht möglich gewesen. Die Abstimmung erfolgte trotz des begründeten Einspruchs, daß die Vorlage nicht auf der Tagesordnung des Kongresses gestanden habe — der Beschluß also **formell anfechtbar sein würde**.

In **sachlicher** Beziehung erscheint der Beschluß ebenfalls nach mehrfacher Richtung hin nicht ohne Bedenken, es würde indessen für jetzt zu weit gehen, hier alle einschlägigen Fragen zu erörtern. Jedenfalls dürfte die Begründung, daß Herr **Gobert-Brüssel**, auf dessen Vorschlag der erste Binnenschifffahrts-Kongreß 1885 in Brüssel zusammengetreten ist, hierbei speziell die Förderung eines Meer-Hafens für Brüssel im Auge gehabt habe — doch die ganze Sache in ein eigenthümliches Licht rücken.

Ebensowenig kann die Gefahr der Kongreßmüdigkeit ins Treffen geführt werden, und was endlich die Betonung der gemeinsamen Interessen der Hafen-Bautechniker anlangt, so sind solche jedenfalls auf keinem der bisherigen Kongresse zu kurz gekommen, wie deren Verhandlungen darthun.

Es mag dagegen daran erinnert werden, daß seiner Zeit die Gründer des Kongresses — deren das außer Herrn Gobert auch noch andere und speziell unter unseren näheren Freunden gibt — nur die Förderung der Binnenschifffahrt im Auge hatten. Im Central-Verein aber hatten sich damals von vornherein gewichtige Stimmen erhoben, welche gegen eine internationale Behandlung der Binnenschifffahrts-Fragen ihre Bedenken nicht unterdrücken konnten.

Soviel uns bekannt, ist bis jetzt übrigens von dem betreffenden permanenten Komitée, welches sich mit den Vorbereitungen für den nächsten **Schifffahrts-Kongreß** (in **Genua 1896**) zu beschäftigen hat, noch nichts darüber veröffentlicht, welche Fragen auf diesem erörtert werden sollen.

Auch wissen wir nicht, wie sich der bisherige **Marine-Kongreß** selber zu der Verschmelzungsfrage gestellt hat oder noch stellen wird, bezw. ob die Beschlüsse der **Marine-Bau-Kommission** für ihn bereits bindend sind. Erst wenn nach beiden Richtungen hin die erforderlichen Aufklärungen erfolgt sind, wird sich die etwaige Neugestaltung übersehen lassen.

Für den nächsten Winter aber wird voraussichtlich **die Beschäftigung mit der Kongreßfrage zu den wichtigsten Arbeiten für den Vorstand und den Großen Ausschuß des Central-Vereins gehören."** **Die Schriftleitung.**

2) Vergl. Kapitel III.
3) Zöpfl: Fränkische Handelspolitik im Zeitalter der Aufklärung. Leipzig 1893, S. 326.
4) Ich wiederhole hier Sätze aus der citirten Stelle meiner Schrift über „fränkische Handelspolitik".
5) Heeren: „Ideen über Politik, Verkehr und Handel der alten Welt", II. Bd. S. 164.

Inhalt.

	Seite
1) Zukunftsfreundlich (zur Einleitung)	5—14
2) Der Nord-Ostseekanal	15—32
3) Deutsch-österreichische Verkehrsprojekte	33—58
4) Das Projekt eines Rhein-Weser-Elbekanals	59—72
5) Ein mittelländischer Binnenschifffahrtskongreß	73—77
Anmerkungen	78—99